"No habrá Democracia Perfecta, hasta que los líderes, no entiendan que el crecimiento económico de una nación, es para procurar el beneficio de todo sus ciudadanos en general y no solo a un grupo en particular, además de que ningún proyecto político, social y económico, por excelentes que sean, no pueden violar los derechos humanos de los pueblos."

Ronald Rodríguez

1

UN PAIS AL DESNUDO Y EN LA

OSCURIDAD

Por Ronald Rodríguez

Titulo Original: **UN PAIS AL DESNUDO Y EN LA OSCURIDAD**

MAYO 2014

Autor: **Ronald Rodríguez**

ronpott2000@yahoo.com

ronaldrodriguez75@hotmail.com

754 366 8354

ISBN -13: 978-1499626964

ISBN-10;1499626967

Portada e Ilustraciones: Ronald Rodríguez

Pintura de portada: **AL DESNUDO Y EN LA OSCURIDAD**

Pintura de acrílica en camba, ejecutada por: Ronald Rodríguez (2014)

AI DESNUDO Y EN LA OSCURIDAD

"Un País al Desnudo y en la Oscuridad", viene a ser una exclamación de protesta, de visión y de reflexión, que busca dejar en claro, lo que ha pasado y está pasando en Venezuela, para que cuando se restablezca la normalidad de nuestro país, podamos tenerlo como referencia, para que no se nos olvide que por error; o por dejar que otros decidieran por nosotros; o por complacencia, o por inocencia; o por olvidarnos de las clases desposeídas; o por innumerables razones, casi se nos va nuestra querida Venezuela.

En "Un País al Desnudo y en la Oscuridad", desenmascaro la Farsa del Socialismo del Siglo XXI y trato también de contagiar al lector con un optimismo lleno de esperanzas, de que vamos a recuperar a nuestro país y que vamos a ser un pueblo más unido, el que nunca volverá a pasar por esta horrenda situación y que indudablemente, saldrá fortalecido para alcanzar el desarrollo integral que tanto se merece nuestra hermosa Venezuela. Hago usos de artículos que escribí en diferentes momentos, para rescatar la conciencia en el olvido y los combino con fragmentos, reflexiones, poesías y proposiciones propias de cómo vivir para no volver a pasar por esta pesadilla.

DESNUDAR

Si quisiste desnudar mi alma
para cambiar mis pensamientos de libertad
perdiste tu tiempo y tu calma
porque más fuertes ha sido mi conciencia de justicia
que clama por una paz vitalicia
para mi pueblo vejado de inmundicia.

Si quisiste desnudar mi cuerpo con agresividad
con el fin de deslastrar tú odio reprimido
humillando mi voluntad
y pisoteando mi lucha contra lo malavenido
no pudiste, ni con la armas de tu ignorancia
vencer mi perseverancia.

Si quisiste desnudar de su valentía a los estudiantes
al despojarlos de sus ropas con descaro y sañas
lo que conseguiste fue reforzar sus corajes avasallantes
y despertar en ellos más gallardía
para derrotar tu cobardía.

RR (Ronald Rodríguez)

VENEZUELA AL DESNUDO

 Venezuela se encuentra literalmente al desnudo, y no solamente por el desnudo que los grupos armados del gobierno le han realizados a la población estudiantil con abuso y actitud enfermiza, sino que en su totalidad ha estado en el desnudo más descarado que haya vivido a través de su historia, sin que nadie le valga medio. Para ser mas especifico he plasmado por separados los desnudos existentes en nuestra patria Venezuela.

1- DESNUDO ANTE LA INSEGURIDAD

En frente de una criminalidad desatada, el pueblo venezolano está indefenso o mejor dicho, desnudo de toda protección, no hay disposición política del gobierno para darle lo que con derecho les corresponde, como es la seguridad. Con referencia a esto, les presento los siguientes escritos del ocho de enero del dos mil catorce, publicado por mí en las redes sociales:

QUE HACER ANTE LA INSEGURIDAD

Todos sabemos que son muchas las causales de la "Inseguridad" y las conocemos, pero es necesario entender que una vez este mal, insertado en las Comunidades o Sociedades, no solo bastara con minimizar o eliminar por completo sus causales, ni como tampoco bastara con combatirlas a ellas directamente. Esta es una lucha compartida y de todos en general, la cual debe apagar los focos que la generan, y a la misma vez luchar en contra de estos males con fuerza y honestidad.

En esta formación de ideas debemos de trabajar; en la economía, en los programas sociales, en la implementación del empleo, en el fortalecimiento del "Poder Adquisitivo", en la garantía de los derechos ciudadanos, de las igualdades de oportunidades, del

8

derecho de la salud y del derecho de educación, pero sobre todo, el derecho de tener una "Vida de Calidad". Al mismo tiempo debemos crear un estado de Seguridad, donde los que imponen y los que ejecutan las Leyes sean honestos, justos, íntegros e incorruptibles y no sean lo contario, como ha estado pasando a través de todos estos años. Igualmente, la política penitenciaria debe de "Reinventarse"

Si no combinamos estas acciones en paralelo, no vamos a poder encontrar la seguridad que tanto ansiamos y que es necesaria para que las comunidades puedan marchar con tranquilidad al logro de una real "Calidad de Vida".

RR

POR VENEZUELA

La criminalidad anda suelta, cabalga con impunidad y libertad dentro un país huérfano de un estado de derecho, donde los hampones; los corruptos; los criminales; los embusteros; los tracaleros; los bandoleros y vividores son los que poseen la protección de la justicia, una justicia que se moldea a los intereses de sus gobernantes. Estamos en la presencia de lo que llamaríamos un país "Bizarro", donde el hombre trabajador; el emprendedor; el honesto; el estudioso; el inocente; el luchador; el negociante; el industrial; el demócrata; el bodeguero y todos, aquellos que creen en un estado de derecho son los malos de la película y los buenos serian todos aquellos quienes pregonan una falsedad de amor a la patria; quienes han sembrado el odio entre el pueblo; quienes manipulan a la gente humilde para lograr sus objetivos mezquinos; quienes desangran al país en la forma más prepotente; quienes roban a diestra y siniestra con el descaro mas escalofriante; quienes abusan del poder para aniquilar a sus detractores; quienes con ineficacia permanente están conduciendo a un país a la quiebra, llevándolo al desastre total; quienes son causantes de la inseguridad más elevada de todos los tiempos, desde nuestra fundación como país; quienes armaron de manera inconsciente a sectores de la población, adeptos a su locuras y quienes se han estado enriqueciéndose estos últimos 15 años, a costillas del sufrimiento de nuestra gente.

Literalmente y visualmente nuestra patria está hundida, esta al punto de un cataclismo social; está perdida entre la ignorancia y el fanatismo, entre el odio y la desidia, entre el irracionalismo y la idolatría; entre la burla y la maldad. No poseemos nada, solo una tierra fértil que ha sido mancillada y olvidada, además de una riqueza natural saqueada y mal protegida. Hemos perdido todo, las costumbres; la idiosincrasia; la bondad; el amor al paisano y hasta nuestra misma historia. Nos han borrado el pasado, de tal manera que ya ni sabemos si somos venezolanos o bolivianos o posiblemente a veces se puede pensar que somos hasta castro-cubanos. Nuestro panorama no es nada alentador y posiblemente muchos pensaríamos que estamos a punto del exterminio, Pero, todavía lo que no han podido extraer de nosotros, es la esperanza, el amor a la tierra que nos vio nacer y la disponibilidad de luchar por cambiar esta absurda verdad que se vive hoy. Por eso es hora de gritar a nuestro pueblo que hay que comenzar a usar la razón, dejando a un lado el sentimentalismo producido por un fanatismo e idolatría a seres que solamente nos han dejado un desierto de odio, amarguras y divisiones que nunca antes existieron, ni en los momentos de las guerras civiles y ni siquiera cuando existían los grupos irregulares desaminados por nuestras montañas. Debemos volver a creer en nosotros mismos, tanto como entes pensantes, como entes forjadores de nuestra libertad; debemos volver a creer en la unión de todos los hombres y mujeres de nuestro país, como un sólido grupo que quiere ser llamado "Venezolanos"… No opositores, no revolucionario, ni tampoco caprilistas o chavistas. Es hora de ser más proactivo; más inteligentes; más creativos; mas estadísticos; menos indiferentes y menos apáticos. No es hora de actitud facilista; ni derrotistas y menos de conformistas. No es el momento de abandonar nuestra patria solo por el hecho de cuidar nuestros bienes o nuestra vidas, como tampoco es el momento de cambiar a nuestro patio por patio extranjero para escapar a las atrocidades que se están cometiendo en nuestra tierra, en ella nos criamos; nos enseñamos; nos forjamos; nos dio la sabiduría y el amor sin siquiera pedirnos nada. Ahora es el tiempo de retribuirle todo, de regresarle su belleza; su paz y su libertad…." Viva Venezuela"

RR

2- DESNUDO DE JUSTICIA

En la misma manera, que como pueblo venezolano nos hallamos desnudo ante la seguridad, así nos encontramos desnudo de Justicia, ya que la institucionalidad del poder judicial, se convirtió en un ministerio mas del poder ejecutivo, sometiéndose a los caprichos de un sistema fracasado que impartiendo injusticia a través de este, trata de mantener la falsa de un Socialismo llamado el "Socialismo del Siglo XXI". Hemos sido testigos de las más aberrantes acciones de un Tribunal Supremo de Justicia, donde violándose la constitución, ha efectuado sentencias inadmisibles e ilegales por su inconstitucionalidad, de las cuales puedo citar las más recientes, como fueron la destitución arbitraria de la Diputada María Corina Machado, las de los Alcaldes de San Diego y del Táchira, así también como las malas interpretaciones hechas a la constitución, para beneficiar los abusos de una Dictadura, referente a una de estas malas interpretaciones, les dejo estos dos artículos escrito por mí el veinte y tres y el veinte y cinco de Abril del dos mil catorce:

¡LA CONSTITUCION NO ES ABSOLUTA!

Ya no es posible tapar la Dictadura que reina descaradamente en Venezuela, ni con "La Verborrea del Habla" y menos con la avalancha de "Maquillaje Democrático" conque trata de esconderse un gobierno fatídico y malhechor en los patéticos e "Infructuosos

Diálogos" y que inexplicablemente sectores de la oposición, siguen sosteniendo, por cierto con una esperanza de la inercia de la vida, muy parecida a la de la figura principal de la novela de Gabriel García Márquez el "Coronel no tiene quien le escriba". Y lo digo, porque no entiendo como pretenden disfrazar una tiranía, que cada día toma acciones como tal. Como pueden un sector de la oposición; una parte del pueblo llamado chavista; otra parte del pueblo (de los que se quejan de la situación); los del Mercosur; los de la OEA; los de las Naciones Unidas; los gobiernos democráticos; etc. y etc., hacerse los pendejos ante tan DESCARADA DICTADURA y perdónenme la expresión, pero ni mi inteligencia, ni mi razón y menos mis sentimientos de poeta pueden evitar que mi ser sea ofuscado ante tanta indiferencia y estupidez, lo cual no me permite controlar la crudeza de las palabras cuando percibo una impunidad bailando con la permisiva de la justicia. Porque, cuando a los ojos de mundo, desde Venezuela se ventila una mesa de diálogo, con toda la publicidad posible. Al mismo tiempo, en la oscuridad de un Tribunal Supremo de Justicia se destroza todos los razonamientos del derecho universal, y como defensores de la Tiranía, interpretan el artículo 68 de la constitución de la Republica Bolivariana de Venezuela, el cual hace referencia al derecho de manifestar, como un derecho no absoluto. Por lo tanto, con un plumazo radiante de dictadura declaran que quien quiera manifestar debe pedir permiso a las autoridades correspondiente, o sea, en el habla popular eso se puede interpretar de la siguiente forma, "Debes pedirle permiso a quien le vas a protestar.... A ver si te deja"..

Perdónenme, pero es la ridiculez en pasta, más absurda que se puede escuchar y es evidente que el Castro-Comunismo les quema la masa gris del cerebro a los del TSJ, cuando no tienen como defenderse de unos Estudiantes Valerosos y de una protesta justa... No sé, porque esta interpretación del TSJ, se me asemeja a la de la "Defensora del Puesto" cuando dijo, entre una y otra cosa, que la Tortura alguna veces puede ser permitida... Como ven no hay ni razonamientos, ni inteligencia y menos vergüenza, cuando hay que defender al gobierno Tirano... Como se darán cuenta, ahora en Venezuela nada de lo que dice en la Constitución es absoluto... Ahora puedo entender porque no les importa la seguridad de las personas, claro, el derecho de la vida tampoco es absoluto, ni la libertad de expresión, ni la de decidir nuestro destino, ni el derecho de elegir (Por eso les robaron las elecciones a Capriles)... Bueno, si eso es así, podríamos comenzar a declarar que el mandato de Maduro y su camarilla (Alibaba y sus Ladrones) tampoco es absoluto, porque ellos debieron consultar al pueblo, antes de implementar las políticas fatídicas, e igualmente también debieron consultarles si ese pueblo estaba de acuerdo en regalar nuestra patria a los Castro-Comunistas, pero como eso no fue así, tiene este pueblo, el derecho de exigirles la renuncia inmediata e irrevocable (Ya que sus cargos no son ABSOLUTO)

RR

14

¿ES ABSOLUTO O NO ES?

Haciéndome énfasis de la nueva palabra "Absoluto", usada por el gobierno, muy preferida y extraída desde el oscuro laberinto del taller de creación de "Nuevos Tiranos" (por cierto muy parecido al "modus operandi" de la Gestapo) y MADE IN Cuba. Voy a tratar con ella a recorrer un poco la realidad verdadera del "ES O NO ES" de un país llamado Venezuela, con un gobierno, el cual a pesar de que los hechos lo han asomado como un gobierno netamente autoritario y dictatorial, había logrado a través de estos últimos quince años, revestirse de una capa semidemocrática; gracias al doble discurso manejado muy bien, por el difunto Presidente; al silencio de una OEA desdibujada totalmente de sus funciones; a la complicidad de gobiernos vecinos, comprados a costa del Petróleo y de algunos que otros famosos artistas y directores de cines, de ideas con tintes de comunismo, pero con una conducta de vida muy capitalista. En principio es altamente importante dejar en claro que la palabra "Absoluto", se define como lo total, sin ningún requiebre o condición que deslinde su derecho. Basándome en esta simple conceptualización voy a comenzarme a referir la forma en que los lideres de este gobierno han usado, usan y siguen usándola, para beneficio propio y para poder mantener una Dictadura llena de corrupción, de crímenes, de violaciones del derecho humano y de responsabilidad en el destrozo de un país. Ha sido común para ellos crea la frase "NO ES ABSOLUTO", para coaccionar los derecho fundamentales de todo ser humano que vive en Democracia, como al

15

Derecho de Libertad de Información; al Derecho de la Vida; al Derecho de Elegir; al Derecho de Igualdad; al Derecho de Disentir; al Derecho Democrático de agruparse en Partidos Políticos; al Derecho de no ser Torturado y últimamente, al Derecho de Protestar Pacíficamente, esto sería lo que ellos denominan "NO ES ABSOLUTO", y que haciendo uso irregular de las instituciones, las cuales están secuestradas por malhechores afines a este gobierno desalmado, le han dado tono de legalidad, para corróboralo con la anuencia de un TSJ irresponsable y descarado. Lo que si se les ha olvidado a estos mal parido , es darle ese mismo tono de legalidad a lo que en la práctica "ES ABSOLUTO", como la Corrupción, la Violación a todos los derechos humanos, la Criminalidad, la Pobreza, la Colonización por parte de un país extranjero como es Cuba, la Aniquilación de los Políticos que los adversan, la Desaparición de la Producción Nacional, la Tiranía, etc. etc... Digamos que nuestra realidad verdadera baila en lo "NO ABSOLUTO" y lo "ABSOLUTO" como medio de mantener la hegemonía de un sistema Dictatorial regido desde la Habana y ejecutado por un Presidente Colombo-Venezolano incapaz y sus camarillas de pilluelos.

RR

3- DESNUDOS DE BIENES

Cada día es más difícil que los venezolanos puedan suplirse de los bienes elementales y necesarios para la existencia en sociedad. Por una parte la devaluación constante de una moneda que se ha convertido en el hazmerreir del mundo y que ha originado que los salarios del venezolano sean paupérrimos ante la crecida galopante de una inflación asesina, por otra parte la escases de los bienes en algunos casos y en otros la desaparición total de estos de los anaqueles de los mercados, causados por la destrucción de la producción nacional y por la falta de liquidez para la importación. Todo esto solo ha traído que el venezolano este desnudo de estos bienes. Mi siguiente artículo del tres de Mayo del dos mil catorce hace una referencia del antes y del ahora:

DEL "TA'BARATO DAME DOS" AL "NO HAY"

Al hacer un rápido recorrido en la historia de mi vivencias, acaecidas en la que fue llamada muy merecidamente "la Patria de Bolívar" y que ahora por descarado, ignorantes y destructores de nuestros valores e historia, de quienes nos han raptado nuestra vida y futuro, se han atrevido irresponsablemente a llamar a nuestra querida Venezuela, "la Patria de Chávez". Pero este tema argüido, por decirlo de alguna manera comprensible, no es lo que me concierne relatar hoy. Sino, como ha ido nuestra Venezuela retro-evolucionando en el tiempo, hasta dejar a mis compatriotas casi en guayucos o mejor dicho, con una mano adelante y otra atrás, y no para evitar que nos cojan, porque de esos, ya estamos cogido hasta la medula por estos mal parido, sino, porque el pueblo en su inmensa mayoría no tienen con qué comprar y si tienen no hay. Y perdonen la expresión cruda y grotesca, pero, sin alguna duda, estoy seguro que es la que mejor pinta el actual panorama.

Ya se quedo en el olvido, la abundancia de un país que aunque erróneamente importaba en altos porcentajes los bienes que se usaban, podía con producción nacional, abastecerse por sí mismo la cesta alimentaria; donde los estudiantes con privilegios o no, tenían la opción de prepararse en las mejores universidades del exterior; donde un litro de gasolina valía centavos de bolívar y pare de contar... Aunque no era lo que debiera ser, porque ese auge de poder adquirir los bienes como producto final, había estancado el crecimiento industrial en alguna faceta y había dificultado el desarrollo del país, porque en vez de convertirnos en una sociedad productora, nos habíamos convertido en un sociedad netamente importadora, pero vivíamos sin odio y sin rencor, además que el valor de nuestra moneda, permitió a unos cuantos ciudadanos de toda la esfera social, viajar fuera del país, para abastecerse de bienes importados. Y no es cuento, porque hasta el personal de servicio de los hogares venezolanos se dieron el lujo de viajar al destino preferido de ese tiempo, como era Miami. Y ahí, en esa ciudad que fue invadida por el consumismo venezolano, nació el famoso slogan del tiempo como era "Ta' barato dame dos" y duro mucho tiempo, y fuimos reconocidos como los que llevaron un excelente crecimiento al Sur de la Florida…. Sabíamos, que no estaba bien enrumbado el país y que era necesario hacer un viraje que nos permitiera hacer un cambio tanto en lo político, económico, social y estructural, que permitiera revertir la esencia de la sociedad netamente importadora, para renacerla como una sociedad productora y exportadora de sus bienes. Pero las malas políticas de los gobiernos, dejo desnudo a un pueblo que buscaba un cambio profundo, y fue manipulado de tal manera, por las alocadas alocuciones de un fanatismo que fracasado en el tiempo por su ideología inoperante y catastrófica, sembró un clima de venganza entre las clases más desposeídas que dieron el fruto amargo de una sociedad que comenzó a moverse por el odio entre sus hermanos. Y desde ahí con una caída libre al vacío, se comenzó a desmoronar en partes las pocas buenas virtudes democráticas que tenia Venezuela, sin ni siquiera remediar los problemas más simples, al contrario a través del tiempo se fueron engrandeciendo, para desatarse indiscriminadamente y con crueldad en los bolsillos, en las panzas y en la seguridad de la vida de todo el pueblo, sin hacer distinciones entre Chavistas u opositores. Y como el final de una tragicomedia novela, se convirtió la abundancia en hambre y con eso ya no era el "Ta'barato dame dos" sino "No Hay". La escasez arrullo al venezolano despiadadamente, sin compasión y sin distinción, provocando la proliferación de las colas para conseguir lo meramente elemental, que les permitiera subsistir y tratar lograr con tenacidad y vergüenza lo poco por no decir nada. De ser el país más envidiado, donde todos querían vivir, nos derrumbamos a un país del "NO

HAY", no hay arroz, no hay pan, no hay carne, no hay dólares, no hay toallas sanitarias, no hay pañales, no hay papel de baño, no hay, no hay.... PERDON... Pero, algo "SI HAY", como las violaciones del derecho humano, los crímenes a montón (Ta' Barato, dame dos), las represiones, las injusticias, la pobreza, los presos políticos, la coacción de la libertad, la corrupción, los malandrines, la manipulación, el sometimiento y cierre de los medios de comunicación, etc., etc., etc.,..

RR

4- DESNUDO ANTE LA REPRESION

La represión de un gobierno claramente identificado como dictatorial ha usado a esta, como el medio de lograr el silencio de las quejas de una juventud que se ha tirado a la calle, para dejar oír su voz como protesta legitima y genuina. Ha sido brutal y genocida el uso de las fuerzas contra las manifestaciones pacificas, realizadas por todos los estudiantes de Venezuela, quienes solo han portado cartelones, mascaras y un corazón repleto de convicción y coraje. A ellos les dirigí una carta abierta el nueve de Abril del dos mil catorce:

20

CARTA ABIERTA A LOS "CHAMOS DE LA PATRIA"

Estimados estudiantes, jóvenes, muchachos o mejor decir, "Chamos de la Patria" Hoy con la escritura de mi pluma o el teclado de mi laptop, expreso el sentir de este venezolano que estás seguro que es el eco de millones y millones de muchos más. Quiero comenzar por darles gracias; por la valentía, por la gallardía, por la fuerzas de su convicción, por la grandeza de sus actos y por la decisión inquebrantable con que han estado luchando por la libertad de nuestro pueblo. Yo veo en cada unos de ustedes, a un José Félix Rivas, comandando a los estudiantes hacia la victoria, pero también veo un hijo; o un nieto; o un sobrino; o un hermano menor y siento como se me achica la piel y como un agudo sufrimiento me atraviesa el corazón, cuando llegan a mí, las imágenes (las cuales son inamisibles para mi conciencia) de cómo son despiadadamente reprimido, por un gobierno asqueroso y criminal; de cómo la sangre de un Bassil, un Robert, una Genessis, un Roberto, una Geraldine, un Juan, y de muchos más que han tatuado las calles de mi Venezuela; de cómo el abuso exagerado y exacerbado del represor, arremete en contra de ustedes; de cómo la maldad los tortura sin clemencia; de cómo la violencia desatada por unas ideas anacrónicas, pisotea sus derechos humanos y de cómo son vejados muchas veces u otras veces violados físicamente, verbalmente y psicológicamente, por solo el hecho de reclamar ese mundo mejor que les pertenece y nos pertenece a todos los venezolanos y que lamentablemente nos lo han robado. La tristeza y el dolor intenso que siento, hacen que mis lagrimas empañen mi visión o desfiguren la tinta de esta misiva que les redacto hoy y ante esto, mi corazón quisiera pedirles que depongan este heroísmo, para preservar sus vidas, pero al mismo tiempo mi conciencia, entendiendo sus razones me exige que les aliente a seguir luchando, por lo más sagrado de un pueblo, como es su libertad, porque comprendo, que para mí sería indigno, pedirles que vivan esclavizados y menos arrodillados a un régimen dictatorial, corrupto y sanguinario como el que tenemos hoy en nuestra querida Venezuela. Hoy a través de esta, quiero pedirles perdón por mí, y por muchos millones más como yo, por haberles fallado y haberle dejado a ustedes este escenario tan trágico, el cual debimos haber combatido desde hace mucho tiempo atrás, con la misma valentía, gallardía, fuerza y disposición conque ustedes lo hacen hoy, porque nuestra tarea era haberle dejado un mundo lleno de amor, de calidad humana, de libertad y de progreso y no lo hicimos. A ustedes los admiro "Chamos de la Patria" y a todos mis hermanos como yo, desde lo más profundo de mi corazón y de lo más intenso de mi razón les pido que nos reivindiquémonos antes estos "Chamos de la Patria" y salgamos ayudarlos a quienes hoy dan su vida por Venezuela, porque entiendo que ellos nos necesitan hoy más que nunca. También les quiero recordar que nunca es tarde para devolverle la paz y la alegría a este pueblo, "Un futuro conformado de una vida de calidad y de plena libertad es la herencia más

22

valorable que podemos dejarle a nuestra futura generación".

RR

5- DESNUDO ANTE LOS ABUSOS

Los abusos continuos de un gobierno sanguinario, corrupto y criminal han dejado en una desnudez total al venezolano, no hay quienes nos defiendan cuando los maleantes que gobiernan quieren imponer sus criterios y sus abusos descarados. No hay quienes les pongan un muro de contención a esta abrumadora actitud vandálica del gobierno; que intimidan, amenazan, criminalizan, ejecutan, roban y penalizan con descarado abuso de poder, sin que haya una sola acción en contra de su actuar ilegal.

NOTA: Les dejo varios artículos escritos por mí entre los años dos mil doce y dos mil catorce.

CARTA ABIERTA A CABELLO

Señor….. La verdad que no sé como comenzar a redactarle esta carta, porque no sé cómo llamarlo, dije Señor, y me disculpo por todos aquellos que en verdad son Señores, porque decirle a usted de esa forma, seria insultar a toda esa bella gente humana y con corazón… En verdad no sé si llamarlo; Asesino, ladrón, corrupto, bandolero, infame o machito de barrio, etc., etc.... Pero, como no logro encontrar un adjetivo.... ¡Perdón!, dije adjetivo, que estupideces he dicho, porque ni eso se merece usted, mejor digo epíteto que califique su ruin actuación. Bueno, como le venía diciendo que como no he encontrado ese epíteto, yo voy a comenzar por decirle HP o sea "HIJO DE PUT...." y que me perdone su mama, porque estoy seguro que ella no tiene la culpa de haber parido un hijo como usted... Pero, vayamos a lo esencial de esta carta, que no es más que decirle que su canallada de acción, solo me recuerda los ladrones y criminales de las novelas vaqueras de Estefanía y Lafuente, en donde estos personajes se creían dueños de los pueblos decentes, solo porque tenían armas a su costado y se sentían protegido por la guarida de maleantes que los adulaban, igualito como los tiene usted.... Pero sabes, que al final el bien y la justicia se imponían.... Y cuando esa justicia llegaba, no había compasión y menos misericordia.... Cuando yo lo oigo hablar, con ese sonido tan peculiar de su voz, que denota ira, sarcasmo, prepotencia, manipulación e hipocresía... Sabe.... ¡Me da asco!, pero al mismo tiempo pena, por supuesto, no por usted, sino pena por todo ese pueblo que piensa contrario a mí y a más de la mitad del país y que usted vilmente engaña, manipula y se aprovecha de ellos para su conveniencia personal... Ah otra cosa, déjeme preguntarle ¿Usted en verdad se cree el mas Macho del País? ... No, no me conteste, porque yo le voy a decir quiénes son los verdaderos machos de este País... Los verdaderos machos de este país, son los ESTUDIANTES, que protestan, llevando como única

24

arma, su convicción de querer un mejor país para todos, lleno de libertad y Justicia Verdadera; las MUJERES como María Corina Machado y muchísimas más venezolanas; las MADRES Y PADRES VENEZOLANOS que llorando a sus hijos, siguen hacia adelante en busca de lo que esta Dictadura les ha arrebatado; los GOCHOS, quienes han sido reprimido bestialmente y aun siguen firme por liberar a su país de líderes inescrupuloso y asesinos como usted; y por ultimo todo este PUEBLO VENEZOLANO que viven de las migajas que esta FRAUDULENTA REVOLUCIÓN les da…… Esos, sin son los MACHOS DE VENEZUELA… No usted que se esconde detrás un buró legislativo, y del poder mal adquirido…. Para insultar, agredir, vilipendiar y gritar a mujeres y a los hombres honestos y justos de este PAÍS…. Pero así como en las novelas vaqueras de Estefanía y Lafuente, al final triunfaba el bien y la Justicia Verdadera, así mismo le digo yo a usted que "A CADA COCHINO   LE   LLEGA   SU   SÁBADO"

Posdata: Ah…Si me quiere demandar, contácteme que yo sí, con mucho gusto le doy mi número de cédula y mi dirección… Y sabe porque…. PORQUE NO LE TENGO MIEDO….

RR

LA VERDAD, POR QUE ES QUE NO QUIEREN RECONTAR

La posición antidemocrática, prepotente y corrupta de la Presidenta del CNE, al decidir sin consulta al no reconteo de los votos, como lo está clamando Capriles y un pueblo profundamente descontento; tiene una razón que todos los venezolanos sabemos, como es las muchas marramuncias escondidas en el sistema electoral venezolano (Según Jorge Rodríguez: el mejor del mundo) las cuales saldrían a relucir si se hace un auditoria que contemplen el reconteo de los votos, la comparación con los cuadernos electorales y de la transmisión de la maquina. Tanto es así que ya la célula de cubanos infiltrados en la FANB, se ha dado la tarea de hacer desaparecer una cantidad apreciable de las cajas electorales.... Y eso lo sabe la Señora Lucena... Y esa es otra de las tantas razones por la cual La Presidenta del CNE se reniega al conteo, porque no sabría cómo explicarnos la falta de tantas cajas con votos que faltarían al momento del recuento... Esta Señora, parece no ver mas allá de su sumisa lealtad al gobierno, tanto así que se trunca la sensibilidad que debe poseer todo ser humano, al no importarle los acontecimientos peligrosos que se pueden derivar de su actitud intolerante y tan deslindada de la realidad política que está viviendo nuestro País y del inconformismo real de más de la mitad del pueblo venezolano. Y digo más del mitad del pueblo venezolano, porque todos sabemos que fue ese el porcentaje que emitió su voto a favor de Henríquez Capriles, aparte que una mayoría de los otros que apoyaron el gobierno también están esperando por la verdad.

RR

QUE ARBITRARIEDAD

Que arbitrariedad, abuso e ilegal uso de los activos del gobierno venezolano está haciendo el Presidente Chávez para su campaña electoral. Aparte de ser inaudito el ventajismo, el hacer uso de todos los portales del Gobierno para publicar sus propuestas electorales, es una acción de corrupción tan visible y criminal. Nadie le ha dicho a este prepotente Sr. Hugo Chávez, ¿que lo que está cometiendo es un asalto a la inteligencia, honradez y la buena fe de todo el pueblo venezolano? ¿Qué él descaro, como él se aprovecha de los medios de gobierno para hacer proselitismo político es una burda e infraganti violación a lo establecido en la carta magna? ... No puede ser que este ladrón de esperanza disfrazado de Presidente, siga pisoteándonos con vehemencia y con actitud de dueño absoluto de nuestro país y de nuestro destino. Es que no tendremos el poder de parar de una vez todas las atrocidades que comete este sujeto enarbolando unos sueños de "Robín Hood mediocre" que nadie lo entiende y que nadie lo quiere. Es que nadie le enseño a este Sr., ¿que las sociedades progresan, educando a su gente y creando una economía sostenida en su avance y que le permita a estas misma sociedades en general, la fluidez de oportunidades en todo los ámbitos, tanto social, político, laboral y educativo?, ¿Qué cuando se le da o regala a los pueblos, sin una concientización de cómo lograr la superación, para poder obtener una vida de calidad, es el de "pan para hoy y hambre para el mañana"?. No.. Me imagino que este señor en su carrera inadmisible de querer ganar adeptos a sus engañosos sueños, no se ha detenido por un momento a pensar en que está actuando como el ser mas equivocado e inadaptado de esta época, además de la porra que le hacen la cuerda de parásitos que los rodean, porque a ellos, tampoco les interesa parar de chuparse esa teta, se siente guapo y apoyado.

RR

6- EL DESNUDO DE LA REALIDAD DEL PAIS HACIA EL MUNDO

Lograron por más de doce años ocultar la verdadera catástrofe de Venezuela, moviéndose en un punto frágil entre la Democracia y la Dictadura, además que con la astronómica suma de divisa que manejaron pudieron maquillar las situaciones de forma tal que el mundo les dio el beneficio de la duda e igualmente con esos benditos Petrodólares callaron y compraron conciencias.

Pero la desesperación de un fracaso anunciado les delato la realidad de la Venezuela que es y no de la que habían logrado vender hacia el exterior. Así que el atropello de una dictadura desatada; la carencia de todos los rubros alimenticios; la falta de los productos más elementales de higiene; la manipulación de las elecciones; la inseguridad; la coacción de la libertad; la violación de todos los derechos humanos; el descontento generalizado de la población; la brutal represión; la penalización de las protestas y la disposición inalterable de unos estudiantes aguerridos y conscientes para salir de una vez por toda del sistema actual, quedo súper evidenciado y destapado al mundo entero, ya es imposible para Maduro y sus camarillas ocultar tan desastrosa realidad.

LA REALIDAD

Realmente, lo único que les queda ante la verdad inocultable es tratar de ridiculizar a quien trae las esperanzas para una Venezuela que cada día se hunde en el desastre. Seamos conscientes y dignos en la lucha. Con todo respeto les recomiendo que se quiten de los ojos esa venda de fanatismo. Todos somos venezolanos y estamos orgullosos de haber nacido en esta tierra de Bolívar, pero que lamentablemente por sueños equivocados lo que tenemos ahora es una Venezuela de a "Locha" (Y no se consigue). Pero aun así todos las queremos por igual y entendemos que todos somos hermanos que debemos luchar unidos sin pisotear los ideales de nadie. No les pido que olviden su ideología, sino que miren lo que ha ocurrido en esta Patria en los últimos 13 años y como ha cambiado para peor. Yo se que todos luchamos por tener una "Vida de Calidad", pero lamentablemente ahora lo que tenemos es una "Vida de Calamidades" y que no vemos que los Gobernantes actuales hagan nada por mejorarla y ni siquiera han podido presentar un Plan a futuro que nos cambie del rumbo catastrófico que llevamos... Nuestro Gobernantes han perdido su tiempo en buscar en Países extranjeros nuestros males, poniendo el dedo en los llamados "Imperialismo", pero la verdad es que nosotros estamos así, por nuestro actuar a través del tiempo, hemos sido irresponsables, inoperantes, hemos equivocados nuestra política y nuestra economía y lo peor es que hemos aceptado la "Corrupción" como parte de nuestro Folklore. Todo eso y muchas cosas que nos conciernen a nosotros mismo, han sido la causante de nuestro destino y no el actuar de las Naciones externas. Es Hora de aceptar los errores de todos y luchar en conjunto por el bienestar de nuestro País. Solo les pido Respeto, Visión, Integridad y Autocritica... Y Luchemos como hermanos por tener lo que tanto tú como yo deseamos "UNA VENEZUELA DESARROLLADA DONDE TODOS TENGAMOS UNA CALIDAD DE VIDA Y UNA PATRIA PARA VIVIR FELIZ"

RR

7- DESNUDO ANTE LAS ESTUPIDECES

DIALOGAR.... ¿PARA QUÉ?

Yo me considero un hombre de paz, nunca he creído que la violencia sea la forma de resolver los conflictos, ni como tampoco considero que al enemigo no haya que escucharlo. Pero ante una realidad clarísima e infraganti de criminalidad consecutiva, unos gobernantes embarrados de sangre en sus manos y en sus pensamientos, con una actitud de prepotencia creyéndose ser ellos los mártires y los estudiantes los violentos. No puedo aceptar y ni considerar por ningún motivo razonable que pueda existir ningún Dialogo, en el que no esté implícito la renuncia de Nicolás y todo su tren ejecutivo, el que Diosdado Cabello sea enjuiciado por corrupto y asesino, el que los grupos colectivos sean desarmados, que en el TSJ sean sus Magistrados revelado de sus cargos y enjuiciado por hacer de esa institución un apéndice del PSUV, que la Fiscal y la Defensora del Pueblo sean cesadas de sus funciones y procesadas por el delito de servir como brazo ejecutor de la Dictadura, de que todos los cubanos infiltrados en las Fuerzas Armadas y otros apéndices del ejecutivo sean enviados inmediatamente a Cuba, de que el ladrón de Rafael Ramírez sea separado de PDVSA y que se le encarcele por haber sido participe del destrozo de esa empresa y empobrecimiento del país, de que los Generales, Coroneles, Capitanes, Tenientes y demás Oficiales de la Fuerza Armada que estén implicados en actos de corrupción, de violación de los derechos humanos sean puesto a la orden de una justicia justa, de que Leopoldo, Iván Simonovis, los presos políticos y todos los estudiantes sean liberados y se les limpie sus expedientes. Serian el cumplimiento de todas estas condiciones lo más justo, para unos estudiantes y un pueblo que han visto pisoteárseles su dignidad y sus derechos. Yo no pretendo ser divisionista y menos enjuiciar las actitudes que conllevan a sectores de la oposición a sentarse con estos criminales, pero si puedo decirles que como venezolano me da pena y asco haber visto como se estrechaban las manos con ellos, porque solo en pensar que esas mismas manos son las que ordenaron y ordenan la represión más brutal que haya recibido los valerosos estudiantes y el golpeado pueblo venezolano, en la historia del país. Me da nausea y pienso, como podrán dialogar con esas mentes enfermas, esas que son las misma mentes maquiavélicas que han fraguado sistemáticamente la tortura en Venezuela para consolidar un sistema que nos ahoga a todos por igual, tanto a chavistas como a los de oposición. Yo quisiera equivocarme y pensar que cuando ustedes estén cara a cara con los del gobierno, les van exigir como condición indispensable, para continuar con un dialogo sincero y justo, todo lo que yo anteriormente le he descrito en este fragmento.

Cuando estén ahí, no olviden que "La libertad, la paz y el derecho a una vida de calidad, no se negocia con Dictadores, se adquiere con una lucha pacífica, con convicción y sostenida" Recuerden que quienes están fuera de la ley es el gobierno, no es el pueblo... El

Gobierno es que necesita aceleradamente limpiar su cara, no sean participe de esta patraña… Si aceptamos hoy sus promesas, más temprano que tarde, volverán en sus andanzas, porque, ellos no tienen el poder de regir nuestro país, sino los hermanos Castros… No se sometan al escarnio de la historia, porque ni ustedes ni su generación podrán vivir en paz, por haber traicionado a unos Chamos Valerosos.

Vivan los Estudiantes, Vivan las Mujeres Venezolanas y Vivan los Gochos

RR

EL SHOW NO DEBE SEGUIR

Me duele decirlo, pero hoy he sentido una enorme pena ajena, por la ridiculez del llamado "Dialogo"… He sentido esa pena ajena por todos esos líderes opositores presente en la mesa de la "desfachatez", por no darse cuenta que están siendo usados como pendejos y perdónenme la expresión, pero no encuentro un adjetivo más propicio que califique su presencia en ese ovalo. No sé, si ha sido su buen oficio o su buena voluntad que los llevo a estar ahí, pero lo que si se es que todos han tenido que soportar las mentiras más descaradas y expuestas muchas veces con rencor, otra veces extraviadas del tiempo y otras tratando de usar el poder de una psicología burda, para manipular las verdades que están bien claras, Ahh, sin olvidar que cada vez que algún líder de la oposición terminaba su exposición, el

Vicepresidente la adornaba con una breve explicación tratando de ridiculizar o de quitarle veracidad a lo expuesto. No entiendo que zorros viejos de la política como Aveledo, Ramos Allud y Andrés Velásquez pudieron caer en un juego que estaba entrampado desde que fue orquestado, como se diría en los medios del beisbol: "El gobierno era el dueño de la pelota, del campo, del bate, de los guantes, de los fanáticos, de los árbitros y novio de la madrina" o sea como diría un Guaro "Que Guara" o como lo diría un Maracucho "Bergiiita estan apendejaito", o como diríamos los orientales "Que arrechos" . Además, que desde una vez los Criminales que gobiernan en Venezuela (Perdón, no es que gobiernan, sino los que destruyen) dejaron a claras, que ellos podrían aceptar propuestas, pero que nada lo iba a sacar de su modelo de Revolución. Tan grande fue el descaro, de los mal paridos que dijeron que los colectivos son unos niños buenos, de vaina no dijeron que eran congregaciones de la Madre Teresa, aun hasta un loco Tupamaro, se atrevió a decir que el criminal de Maduro se le debía dar el premio "de la Paz"... Entonces me pregunto; ¿Qué dialogo es ese? ¿Dónde está la disposición de buscar la paz?.. Ayer, yo había escrito "Dialogar... ¿Para qué? y en ese escrito dejaba muy claramente que estaba en desacuerdo y que la única forma de establecerse ese dialogo, era cumpliendo unas muy especificas e irrefutables condiciones, y hoy después de haber visto la Patraña, con muchas más razones me opongo rotundamente a que siga el Show, porque está de ante ojito, que el único fin de estos asesinos es buscar que se cambien la percepción negativa que ya el mundo entero tiene sobre ellos. No es justo que todo el sacrificio inhumano que han hecho y están haciendo "Los Chamos de la Patria", quienes están dejando el pellejo y hasta su propia vida, por rescatar a la Venezuela que nos secuestraron esta partida de bandidos, y que hoy por una garrafal equivocación política de estos líderes de oposición, perjudique esta lucha llevada con gallardía y valentía. No podemos PERMITIR que les quiten todo el terreno ganado a fuerza de voluntad, sacrificio y convicción. Hoy más que nunca debemos apoyar a los

"Chamos de la Patria"

RR

DIALOGO Y AMNISTIA

Hay dos temas con referencias al dialogo que sostienen la MUD y el gobierno que quisiera dejar en claro, el primero es el "Dialogo" en sí y el otro es la "Amnistía". El "Dialogo", del cual, desde el principio no he sido partidario por razones que son demasiadas obvias, como la desigualdad de las partes; las posturas del gobierno de que ellos no son responsables de la crisis actual; de que quienes debe de retractarse de la acciones según ellos "Fascistas" o "Terroristas" es la oposición y los estudiantes y no ellos; de que ellos (El Gobierno) solo escucharan las posiciones de la Oposición, pero que definitivamente no cambiaran el rumbo de su revolución; aparte de un árbitro claramente parcializado hacia la representación oficial. Pero, lo que quiero dejar evidenciado aquí, es que no puede existir ningún dialogo democrático, cuando una de las partes han evidenciado irrefutablemente su compostura "Dictatorial", al menos que esta de indicio de su disposición de abrirse a una "Democracia", que como hemos visto, no es el caso del Gobierno Venezolano, al contrario siguen actuando con mas desfachatez y arrogancias. Si el Gobierno quisiera en verdad lograr un escenario de paz en nuestra patria, encontraríamos a estos, con actitudes más concretas de dialogar para resolver la crisis; con más humildad, dispuestos a reconocer sus errores; abiertos a discutir para buscar de cómo se pueden resolver con seriedad los problemas que acarrean con dolor, diariamente todos los venezolanos y con la sinceridad de estar dispuestos si es necesario, hacer un cambio de rumbo por el bien de Venezuela. Pero lamentablemente para todos los venezolanos sin excepción (Chavista o de oposición), no es así, al contrario su actitud es otra, tratando de defender un modelo que claramente cada día revela su fracaso. Sé que hay quienes creen que este evento abriría el escenario para que la oposición pudiera ser oídos por ese pueblo venezolano a quien arbitrariamente, se le ha raptado de obtener la información verídica y también que esta verdad traspasara las fronteras venezolanas. Pero, si era eso y ya habiendo logrado que haya sido difundido, con veracidad, la posición democrática de la oposición, ante la intransigencia dictatorial del gobierno venezolano, no le queda más remedio a esta que dejar de oxigenar a una "Dictadura" en crisis. Yo le propondría a la MUD, que en el próximo encuentro de "Dialogo" pongan en la mesa los puntos neurálgicos ya conocidos públicamente, como requisitos, para poder continuar en ese dialogo y si el gobierno sigue optando por no considerarlo importante, que todos los de la oposición se retiren de esa mesa en plena transmisión directa, pero dejando con evidencias claras que "Cuando la democracia existe, los diálogos son profundamente productivos para el encuentro de soluciones positivas, pero cuando los diálogos, se transitan con intransigencia plenamente "Dictatorial" estos se convierten en encuentros radicalmente infructuosos e invalorables"..

El otro tema que me ha llamado a reflexionar y del cual quiero hacer énfasis, es la Amnistía, ya que creo que ha sido un error haber y seguir usando este término para buscar la liberación de Leopoldo, Siomonovis, de los Estudiantes, de los Alcaldes y de todos los Presos Políticos. Porque no puede haber "Amnistía" cuando injustamente se coarta de su libertad, a quienes no han cometido ningún delito y cuando derechos adquiridos como es el de "Protestar" se penaliza. Lo que se debiera hablar aquí, es de devolverle la "Libertad" a quienes injustamente les han sido pisoteados sus derechos, o dicho de otra forma más contundente, es pedir que la "Justicia" se deslastres de las injusticias de un gobierno Tirano y actué en defensa de quienes políticamente son perseguidos y encarcelados... Pedir la libertad de Leopoldo, Simonovis, los Estudiantes, los Alcaldes y todos los presos políticos, es "Un Derecho de Justicia y no pedimento de Perdón". Y también se debe exigirle al Gobierno una indemnización para quienes injustamente

37

se les han privado de su derecho de libertad (Así se actuaria en una Democracia Justa)

RR

8- AL DESNUDO LAS MENTIRAS DE UN REGIMEN

Algo que desde el principio ha sido una de las mas primordiales características de este régimen han sido las continuas mentiras al pueblo con un cinismo y descaro de novela. Han hecho de esta como medio de manipular la verdad que le ha permitido obtener sus intereses personales. Le han mentido hasta en la más irrisible y estúpida cosa, como la independencia, el ser Bolivariano (Leer Bolivariano en Una Farsa llamada el Socialismo del Siglo XXI, al Desnudo # 10), en la economía, en la historia, hasta en la muerte de Hugo Rafael Chávez Frías, etc. Etc... Los siguientes escritos fueron publicados después de la desaparición de Hugo Chávez:

A QUIEN LE INTERESE

Los problemas de Venezuela no lo resuelven ni largos y ni cortos discursos, sino con las acciones tomadas con seriedad, con responsabilidad, con respeto a los derechos de la sociedad, con conocimiento de causas, con disponibilidad, con la unidad de todos los venezolanos y aceptando que "los intereses de los lideres nunca podrán estar por encima de los intereses del pueblo". Y el pueblo, no podrá alcanzar una "Vida de Calidad" hasta que no logremos juntos construir unas verdaderas sociedades justas y democráticas en su esencia que puedan garantizarles a todos quienes las conforman; salud, educación, trabajo, dignidad, libertad, poder adquisitivo, seguridad y justicia. Y lamentablemente nada de de eso hoy lo tiene el venezolano. El pueblo, hoy no quiere oír hablar de "Independencia", no, el lo quiere oír es que el Estado como tal, le va a garantizar la seguridad, tanto personal y jurídica; que el Estado, se va a comprometer en luchar por el desarrollo del país, para que esto se convierta en plazas de trabajos; que el Estado, va implementar políticas serias que le permitan a todos los ciudadanos tener un mayor "Poder adquisitivo" y no estar dependiendo de limosnas dadas por el Presidente, para comprometerlos a un Sistema que nadie lo pidió, que nadie lo entiende y que nadie lo quiere; que el Estado inspire a todos los hermanos venezolanos de cualquier religión o ideología política "el vivir en Paz" y no "vivir con el Odio" desmesurado en el que estamos viviendo todos.

RR

PONGAMOS LOS PIES EN LA TIERRA

Me he mantenido al margen de opinar sobre la muerte del Presidente Chávez y todos los acontecimientos que le han precedido y procedido a esta, por respeto al dolor de sus familiares y de sus seguidores. Pero ante las más insólitas posiciones y declaraciones, no puedo continuar ajeno a esto, por lo consiguiente me atrevo a comentar con responsabilidad y claridad que es hora que todos los venezolanos acabemos de una vez del todo, con esta etapa que ha estado llena de misticismos, misterio, endiosamientos, mentiras y de manipulaciones y "Pongamos los pies en la Tierra". Por esa razón, me es necesario dejar con objetividad los siguientes puntos:

Primero, el Presidente Chávez se murió de una enfermedad, de la cual se han muerto y se mueren miles y miles de personas diariamente en el mundo y su muerte no fue producto de un asesinato o conspiración, como lo han tratado de hacer ver hoy los oficialistas, con su postura absurda. Creando o tratando crear en la población un resentimiento de venganza y odio hacia países extranjeros que no estén alineados con ellos, al mismo tiempo hacer que ese odio se haga extensivo sobre los líderes de la oposición, decretándoles la responsabilidad de esta idiota en inverosímil afirmación.

Segundo, el Presidente Chávez esta muerto y que lamentablemente para algunos y no lamentablemente para otros, ya el no es o será el encargado de conducir los destino de esta nación. Y por respeto a sus restos, deberían dejarlo descansar en paz. Recuerden que es entendible que todo espíritu, una vez que abandona su materia, tiene derecho a buscar su consagración en la existencia de la eternidad de las almas que descansan en paz y no es justo que se le corte ese destino al seguirlo amarrando a lo terrenal, por quienes desean seguir abusando de su memoria en beneficio de intereses personales y políticos. Cada quien que cargue con su cruz, como el Presidente Chávez y muchos otros los han hecho, y no tomen el sufrimiento de otro para otorgarse lo que no le corresponde.

Tercero, el Presidente Chávez fue un ser humano de carne y huesos con virtudes y defectos como todos nosotros, equivocado para algunos y no equivocado para otros, como ha habido miles de líderes venezolanos y personajes populares a través de la historia de nuestro país. Por lo tanto, no se debe seguir endiosando a un ser por solo el hecho de haber sido muy popular y líder de una parte especifica de la población. Recuerden las escrituras, cuando dice: "No endiosara a tu semejante y solo Alabaras a tu Dios".

Cuarto, en el Panteón Nacional descansa los restos de aquellos personajes que a través de la historia se comprobó su heroica lucha por la independencia de nuestra patria y debiera seguir así. No inmiscuyan en su manipulación, el amor de un pueblo lleno de dolor, para crear una imagen de héroe independentista de quien no lo fue, porque la realidad es otra y ustedes quienes indignamente e ilegalmente gobiernan a este país, saben que en estos momentos no podemos enarbolar ninguna bandera de independencia, ya que nuestra soberanía es pisoteada infraganti y descaradamente por el gobierno Cubano. Si los restos del Presidente Chávez merecen estar en el Panteón Nacional, ya la historia se encargara de decidir. Además, cumplan con los deseos del Presidente Chávez, de ser enterrado en su pueblo natal "Sabaneta" como muchas veces lo dijo.

Quinto, todos sin excepción en este país, tenemos conocimientos de cuáles son los hijos del Presidente Chávez y sin equivocarnos podemos afirmar que el Sr. Maduro no es uno de ellos, como ahora él se lo atribuye y si hubiese sido, habríamos que estar claro que el Presidente Chávez no lo quiso reconocer ni darle el apellido… Por algo seria… Así que Sr. Maduro déjese de esa mentira ridícula y no trate de ganar prebendas con Santos ajenos.

Sexta, en Venezuela nunca a los Presidentes se le ha otorgado propiedad absoluta de la Presidencia, por lo consiguiente no puede ningún Presidente fallecido dejar como herencia el cargo de Presidente a ningún persona amiga o familiar, como lo ha sostenido reiteradamente el Sr. Maduro de que Chávez le heredo en vida la Presidencia de Venezuela… Sr. Maduro, invéntese otra más creíble, que esa de vaqueras, ni usted mismo se la cree.

Séptimo, el TSJ como institución jurídica debe velar por que se respeten las leyes según la constitución, por lo tanto no debe tomar decisiones y veredictos inconstitucionales, solo por el hecho de que alegraría a una parte del pueblo venezolano y porque esa misma parte del pueblo los harían sentirse orgulloso al alabarle sus decisiones… Sra. Presidenta del Magistrado Supremo, sea más responsable con sus decisiones, actos, posturas y declaraciones.

Octavo, si hablamos de "Respetar" o "Irrespetar", todos los líderes de la oposición han demostrado conductas de respeto hacia la muerte del Presidente Chávez. Claro ustedes afirman que el Sr. Capriles insulto a sus familiares y al pueblo porque dijo que el Sr. Nicolás Maduro le estuvo mintiendo a un pueblo chavista o no chavista sobre la salud del Presidente, eso no es un irrespeto y menos una mentira. Es claro que el Sr. Maduro con sus aliados los hermanos Castros, manipularon por tres meses la información sobre la condición del Presidente Chávez para sus intereses, y eso, si es un irrespeto con todo el pueblo venezolano y hasta con sus mismos familiares...

Noveno, si todo el tren de Médicos que atendió al Presidente Chávez, los hermanos Castros, los allegados al Presidente y el Sr. Maduro, tenían conocimientos exactos de la gravedad del cáncer del Sr. Presidente, ¿Por qué?.. Si ¿Por qué aceptaron y el acepto ser reelegido? Si de antemano se sabía que su condición no le permitiría conducir las riendas de este país... Eso señores si fue y ha sido una irresponsabilidad e irrespeto al país.

Decimo, quien le dijo al Sr. Maduro y a los usurpadores que nos gobiernan que el Libertador Simón Bolívar es Patrimonio exclusivo de ellos y que ellos son los únicos dignos de usar su nombre. Como también quien les dijo que nosotros los venezolanos opositores a los abusos que ellos cometen en nombre del libertador, no somos dignos de llamarnos hijos del Libertador y que si por cualquier motivo usamos el nombre de él, estamos profanándolo... Como hablarnos ellos de profanar el

44

nombre de Simón Bolívar, si aquí se sabe quiénes fueron los únicos que han profanado no solo el nombre sino la tumba del Libertador... Y preguntaría, ¿Dónde están esos que se atrevieron a estar presente cuando se llevo ese acto de profanación del Libertador?

Decimoprimero, el país está destrozado socialmente, políticamente, económicamente e institucionalmente. No terminemos de hundirlo, solo porque un Sr. Maduro quien han mentido infraganti y descaradamente al pueblo venezolano, este afirmando que "El es hijo de Chávez y que el Presidente Chávez le dejo como absoluto heredero de la Presidencia de Venezuela". No... Es hora de ser responsables y de que "Pongamos los Pies en la Tierra" para unirnos y comenzar a trabajar por sacar este país adelante en estos momentos tan difíciles en que nos encontramos todos, pero todos los venezolanos.

RR

CARTA ABIERTA AL PUEBLO DE CHAVEZ

Pueblo de Chávez, familiares y no familiares,

Me dirijo a ustedes en esta ocasión, para pedirles con mucho respecto que por favor , abran sus ojos ante la falsedad y falta de consideración que han tenido y siguen teniendo los que hoy sin capacidad alguna, quieren erigirse como "Lideres" de sus creencias y de sus convicciones, usando las cualidades de quien fuera su líder lamentablemente fallecido.

Y se lo digo de corazón con toda la honestidad y sinceridad posible, desdeñando de mí ser cualquier sentimiento de egoísmo y de otro mal sentimiento. Pero es que me dolió y me duele ver como a un ser humano después de muerto, su cuerpo haya sido y sigue siendo mancillado y abusado sin ninguna consideración y menos sin ningún escrúpulo, por tan solo el hecho de que algunos quieren obtener prebendas a su favor. No entiendo, como ustedes que aman y amaron tanto al Presidente Chávez han permitido y siguen permitiendo tanta "Barbarie" con el cuerpo de su Líder, el cual ha sido vejado no sé ni con cuantas cosas y ni cuantas veces para tratar de mantener su figura en condiciones que pueda ser visible a todos... Y no crean que es por enaltecer la grandeza del Líder, sino para seguir manipulando ese amor y gran admiración que ustedes sienten y han sentido por su "Comandante" y para que le sea posible a ellos asirse del "Poder", de la forma más indeseable, lo que ellos nunca pudieron y podrán conseguir por si solos.

Mis sentimientos están encontrados al ver por lo que están pasando, Porque creo que ni yo y ni ustedes aprobarían, ni permitirían y menos aceptarían que a un padre, ni a un hijo y ni a un hermano, su cuerpo fuera tantas veces vilipendiado como ha ocurrido y sigue ocurriendo con su líder "El difunto Presidente Chávez" que hasta el momento de hoy, estos señores, actuando como aves rapiñas no han dejado que su restos descanse en paz, porque siguen tratando de exprimir del "Líder" todo lo que pueda beneficiarles a ellos.

Pueblo de Chávez y familiares del extinto Presidente, no dejen que el dolor que sienten, les endurezca su corazón y no les permita ver tan "Brutal indolencia" y hagan cumplir el pedimento de Hugo Rafael Chávez Frías al dejar dicho: "Si muero dejen que mi sepelio solo dure tres días y mis restos sean sepultados en mi querido pueblo Sabaneta".

Amigos , compatriotas, no dejen que el "Fanatismo" los abrume y se dejen seguir engañando por quienes solo han tomado la muerte de su líder como "Tarjeta de Presentación", porque ellos, con mentiras juegan y jugaron con sus sentimientos, cuando descaradamente les dejaron anidar esperanzas en su ser, al afirmar repetidamente que el Presidente Chávez se estaba recuperando y que volvería con mas fuerzas para seguir con lo que el había comenzado, cuando en la realidad ellos sabían de la gravísima situación del Presidente… Y una prueba de ello, es que su hermano acaba de decir que el Presidente Chávez, sufrió una hemorragia durante la última intervención quirúrgica... ¿Como pudo ser eso?, si se nos había dicho que tal operación había sido un éxito... Igualmente cuantas veces el Sr. Maduro y sus camarillas afirmaron que el Presidente estaba recuperándose y dándoles órdenes, hasta tuvo la desfachatez este Señor Maduro de decir que la devaluación la había ordenado el Presidente... Y todo esto era para poder ellos ganar tiempo y planear con los Castros la estrategia de cómo seguir en el "Poder"...

Ahora entiendo la lucha del Presidente por vivir, y como batallo hasta el final, porque él conocía a quienes tenía alrededor y el sabia que ninguno tenía la calidad, ni la capacidad y ni el liderazgo para continuar en lo que él creyó... Y estoy seguro que desde donde este el Presidente se está arrepintiendo de haber dicho que eligieran a Maduro, al ver como su conducta maquiavélica ha jugado con su pueblo. Es hora de ver con fortaleza, dignidad y responsabilidad la realidad, ante que este ladrón de identidad destruya los sueños de todo un Pueblo...

RR

SOLO PALABRAS

Palabras que abusaron de la debilidad
De lo seres ocultos en la penumbra de la pobreza
que abandonando su última esperanza
desnudaron con entereza su confianza.
Palabras que adularon las necesidades
de los pies descalzos
los de la casas de cartón
y también a los marginados de la nación.
Palabras que mintieron con la sutileza
al forjar sueños de grandeza
solo le dibujaron sentimientos de venganza
y ni siquiera les resolvieron sus elementales carencias
a quienes solo pedían justicia y clemencia.

RR

9- AL DESNUDO, EL INSULTO

El insulto usado como arma prosaica, para eliminar al oponente, ha sido una de las más corrientes características de los líderes que han y están destrozando a un país llamado Venezuela. La siguiente carta abierta fue escrita por mí cuando Hugo Chávez aun estaba vivo.

CARTA ABIERTA PARA HUGO CHAVEZ (PRESIDENTE VENEZOLANO)

Amigo Hugo Chávez (Presidente)...

Quisiera que pensara un poco, e imagínese que usted, desde pequeño estuvo luchando en nuestro País para salir adelante y después de muchos esfuerzo, pesares y a veces pasando hambre, pero con honestidad y perseverancia consiguió triunfar, comenzando a tener su pequeño negocio... Y gracias por su inteligencia, capacidad de trabajo y esfuerzo logro convertir aquel pequeño negocio en una Industria prospera con un futuro brillante... Y al pasar el tiempo, usted, mi querido Hugo, sin perder su arraigo y no olvidar de como lucho, sufrió y hasta paso algunas veces hambre.... Se encuentre en la calle, sin destino, sin futuro y sin su Industria por la cual usted tanto pero tanto lucho y solamente... ..... Porque un Presidente piensa que usted es un Corrupto, un Explotador, un Oligarca o tantas cosas que se le ocurran a nuestro Presidente.. Y usted se preguntaría y seguro estoy de eso...

¿Soy corrupto porque logre triunfar en la vida? ¿Soy explotador porque logre salir adelante con mi propio esfuerzo? ¿Soy un Oligarca por haberle dado a mi familla un vida de calidad y con seguridad? y tengo ¿que perder lo que tanto esfuerzo me costo, porque no comparto los ideales del Presidente? Y ¿Aceptar un ROBO tan descarado y no poder decir nada?... No pensaría usted también, como lo estamos pensando todos los venezolanos, que el ROBO en Venezuela ha sido legalizado, porque la forma de efectuarse las miles de expropiación, avaladas y ejecutadas por el Gobierno Venezolano, no es más que un "ROBO DESCARADO"... Y déjeme decirle una cosa que creo que ni le ha pasado por su mente (Bueno, quiero imaginarme, que no) a partir de estas expropiaciones en el País, cualquier persona podrá quitarle o despojar a usted, a todos los venezolanos y extranjeros sus bienes y propiedades y.... no ser considerado como delincuente, porque cualquiera de estas personas podrían darle miles de razones tan o mas valederas a las que esta dando este Gobierno para darle legalidad a las Expropiaciones. Ejemplo muy común, "Yo le puedo despojar de su carro, y explicar que lo hice porque lo necesitaba para transportar mi niño enfermo al hospital o al abuelo para que pudiera recibir su diálisis" O "Yo le puedo sustraer la cartera a la vecina y tomarle su sueldo y dar como razón valedera, que no tenia para comer"... Usted... ¿Ha pensado en esto?... Que cualquiera de estas razones que le he dado como ejemplo, tiene más peso y razón de las que el Gobierno venezolano está dando al Pueblo....

Bueno mi amigo Hugo... Solo por un momento sin rencor, ni fanatismo, póngase en al situación de miles de venezolanos que han pasado y están pasando por esa situación... Y no es que tengamos que ningún venezolano tener que dejar a esta tierra que es tan nuestra como de usted y de todos los venezolanos que lo apoyen o no lo apoyen, no... No se trata de eso.. Se trata de construir una Venezuela donde el esfuerzo de usted y de todos los venezolanos se respete y contribuya en que podamos adquirir todos sin excepción una vida de calidad y no de pobreza o de vivir mendigando a un Presidente o el Estado, para que nos den el sustento como migajas... Y déjeme aclararle, las diferencias de clases siempre existirán en el mundo y no se le puede atribuir esas diferencias solamente a los sistemas Democráticos, a los Socialistas, a los Monárquicos o a cualquier otro sistema Social.. No mi amigo Hugo, porque aunque todos tengamos la misma oportunidad, no todos tenemos la misma conducta, los mismos deseos, el mismo coraje, el mismo tesón de lucha, ni menos la misma decencia ni honestidad... Porque eso es ya una formación de cada individuo...

Una última cosa más mi amigo Hugo.... Usted no es mi enemigo porque para mi usted es un venezolano y todos los venezolanos indiferentemente de su posición ideológica, religiosa o preferencias políticas son mis hermanos, porque nacimos en la misma tierra, esa en la que siempre todos nos respetábamos y nos queríamos a pesar de todo... Yo le invito solo a reflexionar y si usted cree en lo que hace, está bien yo le respeto su opinión como quisiera que usted y todos los venezolanos nos respetemos los derechos y las opiniones de todos, por el bienestar de Venezuela....

Gracias, por escuchar a un venezolano que cree en todos, pero en todos los venezolanos sin excepción

RR

10- AL DESNUDO UNA FARSA LLAMADA EL SOCIALISMO DEL SIGLO XXI

Lo que denominan con orgullo y relevancia, como "El Socialismo del Siglo XXI", se puede delinear en pocas palabras o mejor dicho, en tan solo una: "Farsa".

Y esto lo puedo explicar con detenimiento y basado en la seriedad de un estudio hecho en la realidad de esta virtual denominación que ni siquiera puede ser catalogado de origen, sino, como una frase extraída en el azar, al tratar de encontrarle una nominación a un sistema que no tiene principios razonables y ni serios, además de estar llenos de consecuencias catastróficas al tratar de implementarse.

Cuando hablo de los principios del cual aparentemente se fundamenta el "Socialismo del Siglo XXI", lo he tomado como no razonable, porque se basa en ideologías con evidencias irrefutables de fracaso, además de obsoletas; combinándolas con sentimientos de un "Nacionalismo" exacerbado y mal usado en tiempos de una "Globalización" indetenible; aparte de hacer uso de un sueño del Libertador de América (Simón Bolívar) quien quería unir todo el Continente Americano en una y única Gran Patria, por supuesto muy erróneamente interpretado y desfasado de los tiempos en que vivimos. A todo esto debemos agregarle el sentimiento enquistado en los Precursores y Defensores de este sistema, de querer culpar de nuestros fracasos y subdesarrollos a los Países desarrollados. Por supuesto con estos principios de nacimiento u origen, no se puede pensar en la validez de un sistema que llene de "Progreso" y "Desarrollo" a nuestras Naciones, al contrario conducirá a todas las Naciones de América que lo apliquen a naufragar en un mar lleno de desaciertos y pobrezas incontenibles, como ya se ha comenzado a evidenciar en la Patria de Simón Bolívar (Venezuela).

PRINCIPIOS DEL SOCIALISMO DEL SIGLO XXI

Como había dicho que el "Socialismo del Siglo XXI" se fundamenta en ideologías fracasadas, como en basar sus principios en la "Dictadura" moribunda de los Castro en Cuba, quienes después de tantos años de silenciar, torturar, pisotear los derechos humanos y las libertades, de un pueblo, sometiéndolo a las mas desgarradas penurias de una vida llena de calamidades, sufrimiento y coacciones. Quedando por supuesto desfigurado en el olvido aquel "Nuevo Hombre" de quien hablaba con fogosidad y adulación Ernesto Cardenal en su libro. E igualmente desvaneciendo el orgullo de una "Educación" progresista y una "Medicina" popular. Todo por el fracaso de un sistema que no supo comprender la verdadera esencia del hombre como ser humano y que tampoco comprendió que el "Poder" cuando se eterniza en el tiempo enferma hasta las más honestas intenciones. Los Castros, no supieron interpretar el "Pensamiento del Nuevo Mundo" dejándose sucumbir en odios y luchas estúpidas del pasado, no entendieron o no quisieron entender que el "Imperialismo" dejo de ser temido, cuando los pueblos se abrieron a la "Globalización".

Pero como siempre decía mi viejo: "Todos los días sale un pendejo a la calle, quien lo consiga es de él y hará su Agosto y trizas de él". Y así fue, como esta "Dictadura Cubana" ya casi para ser sepultada por sí misma, se fortaleció, al encontrar en su camino a los pendejos, perdón a unos lideres enquistados en el pasado, como dice el refrán; "Se los pusieron en Bandeja de plata" y los Castros, con la astucia de los viejos zorros, comenzaron a manipular y aprovecharse de la idiotez de estos y parapetaron su sistema o Dictadura obsoleta, gracias a los "Petrodólares" de un País llamado Venezuela. Es este el principio mágico dirían sus precursores (yo bautizaría este momento como el "Principio Canceroso")el que da comienzo a la fomentación del "Socialismo del Siglo XXI". Desde un punto realista, razonable y para ser más exacto, yo diría: "De los Desperdicios de las Ideologías obsoletas se origina el Socialismo del Siglo XXI".

Como podemos ver nada bueno puede obtenerse de la implantación de un sistema que se origina de la forma como se ha originado este "Socialismo del Siglo XXI", en otra forma de decirlo, "Nada bueno se puede esperar de algo que nace tan torcido"

EL NACIONALISMO EXACERBADO Y MAL USADO

El "Nacionalismo" etimológicamente puede ser definido como el sentimiento profundo de amor que nos conduce a la defensa de nuestro país, nuestras fronteras, nuestra idiosincrasia y nuestra cultura con todos los valores que dependen de ellas. Y que nos sirve como punto de referencia para ser valedera una "Soberanía". Es aquí donde el mal uso de un Nacionalismo exacerbado ha conducido a los líderes de un sistema que no tiene raíces y ningún arraigo de legitimidad en su esencia que verdaderamente lo haga sentirse parte de ese "Nacionalismo", a manipular la "Soberanía" a sus intereses propios, maquillándola, dependiendo de los beneficios de su proyecto. Por esa razón encontraremos a una "Soberanía" comportándose con rigidez, enfrente las Naciones que no comparten los ideales del "Socialismo del Siglo XXI" y al mismo tiempo veremos el comportamiento permisible al dejarse pisotear de la forma más impugne por las Naciones que lo apoyan.

BOLIVARIANO.

Bolivariano, término que se le da a los grupos o movimientos que siguen y defienden los ideales del Libertador de las Américas, Simón Bolívar.

Según esta definición, los movimientos que se agrupan en el llamado Socialismo del Siglo XXI, no pueden ser considerados Bolivariano, ya que su actuación no tiene nada que ver ni remotamente con los pensamientos del Libertador y menos su actuación. Los siguientes pensamientos de Simón Bolívar, son pruebas contundente de lo que aquí se afirma (Otra mentira del Régimen):

58

Huid del país donde uno solo ejerce todos los poderes: es un país de esclavos.

Las buenas costumbres, y no la fuerza, son las columnas de las leyes; y el ejercicio de la justicia es el ejercicio de la libertad

Un soldado feliz no adquiere ningún derecho para mandar a su patria. No es el árbitro de las leyes ni del gobierno. Es defensor de su libertad.

Los legisladores necesitan ciertamente una escuela de moral.

La unidad de nuestros pueblos no es simple quimera de los hombres, sino inexorable decreto del destino.

Si un hombre fuese necesario para sostener el Estado, ese Estado no debería existir; y al fin no existiría.

Los empleos públicos pertenecen al Estado; no son patrimonio de particulares. Ninguno que no tenga probidad, aptitudes y merecimientos es digno de ellos.

La confianza ha de darnos la paz. No basta la buena fe, es preciso mostrarla, porque los hombres siempre ven y pocas veces piensan.

La justicia es la reina de las virtudes republicanas y con ella se sostiene la igualdad y la libertad.

En el orden de las vicisitudes humanas no es siempre la mayoría de la masa física la que decide, sino que es la superioridad de la fuerza moral la que inclina hacia sí la balanza política.

Un ser sin estudio es un ser incompleto

IMPERIALISMO

Imperialismo es la doctrina política que justifica la dominación de un pueblo o Estado sobre otros; habitualmente mediante distintos tipos de colonización (de poblamiento, de explotación económica, de presencia militar estratégica) o por la subordinación cultural (aculturación). Los términos "imperialismo" y colonialismo, muy relacionados, no son estrictamente sinónimos.

La perspectiva marxista entiende el imperialismo no esencialmente como una forma de dominación política, sino como un mecanismo de división internacional del capital y el trabajo, por el que la propiedad del capital, la gestión, el trabajo de mayor cualificación y la mayor parte del consumo se concentran en los países "centrales"; mientras que en los países "periféricos", que aportan el trabajo de menor cualificación y los recursos naturales, sufren un intercambio desigual que conduce a la explotación y el empobrecimiento. En politología también se emplea la nomenclatura "norte-sur" para esta forma de relación. Ahora si nos basamos en esta definición de

Imperialismo, no cabe duda que el único imperialismo presente en los pueblos adeptos al Socialismo del Siglo XXI es el de la Cuba de los Castro-Comunistas

EL SOCIALISMO DEL SIGLO XXI, UN SISTEMA MAS VIRTUAL QUE REAL

Si nos vamos a las referencias de este sistema, nos encontraremos que el "Socialismo del Siglo XXI" es mas virtual que real, porque, esto es en realidad una aplicación virtual, que aunque su principio se originan en un comunismo extemporáneo, no tiene una ideología definida como tal, sino referencias a un proyecto social y político que se adapta a la comodidad de sus líderes. Igualmente que sus metas no están sentadas en algo sustentable y concreto, sino al contrario se vaguea en lo ambiguo de la irrealidad. Todo lo que se ejecuta en nombre de este sistema, conduce a fines distintos de lo que se pregona de cuáles serán las metas alcanzar o de cuáles son los beneficios que le traerán a la Nación.

¿QUE ES EN VERDAD EL SOCIALISMO DEL SIGLO XXI?

Al observar en general y en sus individualidades a este sistema, en donde hemos visto a sus líderes comportarse con actitudes de "Autoritarismo" desmesurado y a veces usando las reglas de la "Democracia" se pasan a un marcado "Militarismo" asomándose mas como "Dictadores" que "Demócratas" y al mismo tiempo proclamándose "Cristianos" basados en una ideología "Marxista". Me lleva a usar un refrán muy conocido de nuestros Abuelos como es: "Esto es un Arroz con Mango" y que define lo que realmente es el "Socialismo del Siglo XXI". O sea, "Ni es una cosa y ni es otra". Si en verdad, quisiera encontrar una definición que más se ajuste a lo que es el "Socialismo del Siglo XXI", podría decir que es "Un movimiento concebido virtualmente en las mentes de sus líderes que sin tener una visión clara, se disfraza en la realidad, de diferentes sistemas políticos existentes de acuerdo a la ocasión que lo amerite, para lograr mantenerse en el Poder"

EL SURGIMIENTO DEL "SOCIALISMO DEL SIGLO XXI"

Para encontrar, cuando en realidad comienza el "Socialismo del Siglo XXI" a originarse como idea, tendremos que remontarnos a los cuarteles militares, donde un grupo de Militares de medios rangos encuentran similitud en su preocupación por lo que estaba ocurriendo en el País y a esto habría que resaltar la figura del Teniente Hugo Chávez Frías, que para ese tiempo era un asiduo lector del papel protagónico en la historia de nuestro Libertador "Simón Bolívar", aparte del "Liderazgo" que tenia este Militar sobre un grupo de Militares. Ese grupo, crea un "Movimiento Bolivariano" dentro de la fuerzas Militares que con el tiempo gana adeptos dentro de los batallones, a consecuencia de los errores cometidos por nuestros "Gobernantes" a través de los años de la "Democracia" este Movimiento interrumpe en el año 1992, tratando de llevar a cabo un "Golpe Militar", que por cierto suprimido por el "Gobierno" de turno.

CARACTERISTICAS COMUNES DEL "SOCIALISMO DEL SIGLO XXI"

Las características más comunes del Socialismo del Siglo XXI, se pueden observar, primero en la forma común como se han creado y segundo el resultado obtenido en los países que lo han aplicado.

- En la forma común de su creación. Podemos ver que este movimiento donde ha surgido tienen la misma conformación y visión, tanta elemental como general:

  1- Surgen de la unión de movimientos de izquierdas fracasados y derrotados

  2- Odian al Imperialismo Americano, pero les gusta gozar de sus privilegios

  3- Fantasean con una sociedad justa e igualitaria, pero se enriquecen ellos, manipulando a la clase desposeídas

  4- Se corrompen fácilmente, abusando del poder para beneficio propio y de los suyos.

  5- Manifiestan un Nacionalismo exagerado, pero son capaces de vender sus patrias para mantenerse en el poder.

  6- Su desenvolvimiento de incapacidad es tan patético que la línea divisoria de ser demócrata a ser un dictador es endeble y normalmente inexistente.

7- Todos se dan golpes de pecho declarándose "Demócratas Puros"

8- Manipulan las religiones para su conveniencia.

9- Embisten con alevosía y premeditación a quienes no comparten sus ideas.

10- Son unos flagrantes violadores de los derechos humanos.

- En cuanto al resultado que se ha derivado de la aplicación de esta modalidad

1- Destrucción del aparato productor

2- Destrucción de la mediana empresa

3- Huida de capitales privados

4- Huida de la mano técnica especializadas y de los profesionales de calidad.

5- Destrozos de la economía en todos sus parámetros

6- Corrupción galopante y descontrolada

7- Instituciones manipuladas

8- Pobreza crítica

9- Sociedades divididas con odio infundado.

10- Escases de bienes y alimentos básicos.

11- Deformación de la Historia real.

12- Educación desmoralizada y subyugada a los intereses del gobierno.

13- Libertad inexistente.

14- Imposición de bozal a los Medios de Comunicación.

15- Enriquecimiento desproporcionado de los líderes del Sistema.
16- Represión.
17- Desmembramiento de las sociedades.
18- Destrozos de la infraestructura
19- Presos políticos.
20- Abuso de poder.
21- Justicia condicionada a la ley de los líderes.
22- No parámetros establecidos de lo que es legal.
23- Menosprecio por los Derechos humano.
24- Desaparición del Derecho Privado.
25- Impunidad.
26- Etc. Etc...

¿UN MOVIMIENTO O UN SISTEMA?

Para poder ubicar al "Socialismo del Siglo XXI", como un "Movimiento" o un "Sistema", debemos conceptualizar tanto a uno como a otro.

En el concepto más general, podemos decir que un "Movimiento" es un grupo o conjunto de grupos con afinidad de criterios, intereses y aspiraciones que se constituyen y accionan con el fin primordial de alcanzar el *poder* político. La idea de *movimiento político* se asocia con lo anterior, referido específicamente, a la finalidad de obtener el *poder tanto en lo político, social y económico.*

En cuanto a la definición de "Sistema", según Samuel Phillips Huntington quien es un Politólogo y profesor de Ciencias Políticas estadounidense de la Universidad de Harvard, del siglo XX, mantiene que un "Sistema" político es un conjunto_formado por unas determinadas instituciones políticas, que tienen unas determinadas expresiones formales identificables en el régimen jurídico, en relación con un cierto nivel de participación que se manifiesta en conductas observables

A partir de estos dos conceptos uno científicamente, otro empíricamente y referidos al ejercicio del poder político por medio de las instituciones y los actos de los gobiernos adeptos al llamado "Socialismo del Siglo XXI" podríamos situar a este como un "Movimiento" que sería lo mas o menos parecido, sin que eso signifique que cumple en su totalidad las características como tal.

AVANCE DEL SOCIALISMO DEL SIGLO XXI

Al decir "Avance", nunca debe tomarse al "Socialismo del Siglo XXI", como un movimiento que ha podido calar en los pueblos de América Latina como una ideología que se ha sembrado con bases sustentables en nuestro horizontes, al contrario de eso, yo lo catalogaría como un "Movimiento de Moda" que gracias a los "Petrodólares venezolanos", ha sido capaz de comprar Instituciones,

Partidos, Conciencias, Presidentes y Países, para hacer surgir una tendencia disfrazada con este nombre tan rimbombante del "Socialismo del Siglo XXI", pero que en realidad no es más que el "Castro-Comunismo" fracasado. Con sorpresa hemos visto como el "Poder" de los "Petrodólares" ha logrado despertar en nuestras fronteras de América Latina, lo que no pudo ni las "Ideologías Revolucionarias" y ni las "Armas de la Revolución" Castro-Comunista. Por lo tanto cuando no existan la "Bonanza" de esos "Petrodólares, desaparecerá esta cruzada del "Socialismo del Siglo XXI" que solo se alimenta del "Poder monetario". O diríamos con un refrán coloquial: "Muerto el Perro se acaba la Rabia". Sé que algunos lectores estarán pensando en este preciso momento que están leyendo esta visión que el auge del "Socialismo del Siglo XXI" también se debió al "Liderazgo" del fallecido Presidente Hugo Chávez. Pero no es así, porque si no hubiera existido la Bonanza de los Petrodólares venezolanos, ni siquiera estuviera yo escribiendo sobre este movimiento llamado "Socialismo del Siglo XXI", porque definitivamente no existiría. Y es más claro que el agua, que "El Liderazgo" de Hugo Chávez siempre se sustento en "El Poder de los Petrodólares", ni siquiera se podría decir que su "Liderazgo" se haya medio sustentado en el uso del tema de la "Pobreza", porque si no hubiera existido "El conque", el discurso de Chávez sobre este trema, no hubiera tenido ningún sustento. Igualmente, no existiría un Evo Morales en Bolivia, ni un Rafael Correa en Ecuador y ni tampoco se hubiera revitalizado un Daniel

Ortega en Nicaragua y por supuesto los "Castros" ya serian una mala historia del pasado.

CONVICCIÓN O SUMISIÓN

Es importante dejar en claro, cuál es el interés de los países que los han conllevados a adherirse o apoyar al "Socialismo del Siglo XXI", porque aquí tendríamos que hablar de convicción y de sumisión. Si hablamos de convicción, me atrevería afirmar que después de la desaparición de Chávez, y el desastre evidente de la economía de Venezuela, quien era quien mantenía y aun mantiene a costa de los Petrodólares esta cruzada fratricida , no creo que exista nadie plegados por convicción, sino por sumisión, y esta sumisión puede ser catalogada como parte de agradecimiento o interés de seguir recibiendo los beneficios de los Petrodólares, y la otra sumisión seria catalogada producto de una colonización por parte de la Cuba de los Castro-Comunistas.

ECONOMIAS VIRTUALES

Muchos Gobiernos de América Latina que se hacen llamar Socialistas del Siglo XXI, como son los gobiernos de Bolivia, Cuba y Nicaragua, tratan de hacer creer que tienen un crecimiento económico muy significante y que este se debe a la aplicación de este modelo de Socialismo y puede que tenga razón en su crecimiento, pero realísticamente ese crecimiento es virtual, porque todos ellos se basan en la cuota compensatoria o de dadiva, tanto en dólares, como en petróleo que han recibido y reciben del Gobierno venezolano y que sin esta inyección, no hubieran conseguido ningún crecimiento económico que no es mas como dije antes, un crecimiento ficticio y virtual. Porque cuando estos Gobiernos dejen de percibir este sostén tan importante de capital, su economía va a experimentar un descrecimiento acelerado, si no toman vías contrarias a las que hoy están tomando, tanto en lo económico, social y político. Y esto lamentablemente para ellos, se ve venir muy pronto, porque el Gobierno venezolano se encuentra en situaciones muy precarias, con una economía considerablemente fracturada, por incapacidad de un Movimiento que solo lo que consiguió fue destruir la producción nacional y por regalar a manos suelta lo que no podía y ni debía, para lograr el objetivo de propagar en la región un modelo no viable como es el tal "Socialismo del Siglo XXI".

11- LA INEFICACIA AL DESNUDO

CUANDO LA INEFICACIA Y LA CORRUPCION SE CONVIERTEN EN UNA DICTADURA

Hablar de ineficacia en nuestro país es muy simple y se puede identificar, como también es muy facial de demostrar, más cuando esta proviene de la forma más descarada y representativa de nuestros gobernantes. Y digo simple, porque no basta ser un erudito en la materia, para percibir el exabrupto proceder de ineficacia de todo un tren ejecutivo que demuestra a claras que no tiene ni la más remota idea de lo que es gerencial un país y menos de administrar las cuentas de un Estado Petrolero. Estos personajes fantasiosos, bocones y algunas veces tragicómicos parecieran haber sido sacados de los anaqueles de bufones en una tienda de juguetes, los cuales solo sirven para hacerle reír al Presidente o fabricados por un principio crematorio, porque todo lo que tocan lo vuelven polvo (cenizas). Además que parecieran desconocer los más elementales procedimientos contables, como es acreditar y debitar, porque ellos se han limitado a sacar dinero sin depositar, por supuesto esto ha llevado a desbaratar las reservas sin darle oportunidad a que las arcas puedan reponerse del brutal derroche.

Para ahondar un poco más en lo que quiero demostrar, me gustaría hacer un pequeño ejercicio acerca de cuáles deben ser los procedimientos más generales de los gobiernos democráticos. En esto me encontraría con los siguientes puntos importantes que debiera seguirse, para desarrollar con la mínima eficacia de gobernabilidad a un país. Y estos por supuestos serian: Evaluación de la Realidad, Planificación, Proyección y Ejecución. Digamos con un lenguaje más accesible a la interpretación, sostendríamos que el gobernar un país debe basarse en un Proyecto definido, el cual nos conduciría a un objetivo especifico, en este caso el objetivo especifico de un Gobierno democrático seria lograr un Progreso extensivo, masivo y sostenido del país, para que pueda lograr que todos los ciudadanos sin excepción tenga una vida de calidad. De todos es

70

conocido que cualquier proyecto de este género, debiera comenzar por la evaluación de la realidad percibida y existente, tanto en su aspecto político; social y económico. Una vez haber hecho esta evaluación de las condiciones existentes, se debiera desarrollar una "Planificación" que conlleve al gobierno a transitar hacia el objetivo primordial de las democracias, como ya dijimos que es el "Progreso", al mismo tiempo toda planificación debe tener una Proyección al futuro que garantice la continuidad del proceso. Y por ultimo y tan importante como los demás procedimientos, se encuentra la Ejecución, la cual debiera ser fiel copia de la Planificación para que se pudiera lograr el objetivo. Con este pequeño y sublime ejercicio he querido resaltar lo que debió o debe hacer cualquier gobernante que en verdad trabaje para el beneficio global y común de todo un pueblo y al mismo tiempo he querido dejar al descubierto (por supuesto) que estos farsantes que nos gobiernan, ni siquiera se limitaron a ensayar el primer procedimiento como es la Evaluación, porque si lo habrían hecho, hubieran entendido que el país clamaba por un sistema democrático más justo en lo social, que era necesario con urgencia ahondar en una reforma política social que impulsara el crecimiento de una clase que se sumergía en una pobreza y que se trabajara en el desarrollo del país para que permitiera a la par sostener el crecimiento de las clases desposeídas. El país no estaba pidiendo que se aniquilara el aparato productor, ni que se le cambiara su nombre, ni que se entregara la soberanía a países extranjero, ni que se implantara la venganza y el odio, ni que nos arrebataran la hermandad del venezolano, ni que la libertad fuera pateada y menos que nos cambiaran la historia. Pero la ineficacia se vistió de Gobierno y ha sido tan patética que en vez de lograr el Progreso como objetivo, han logrado el más grande y aterrador atraso del país, como también el más inconcebible desastre económico, aun disponiendo en todo ese periodo, de las entradas por concepto del aumento petróleo más extraordinarias de la historia de Venezuela como Estado Petrolero, además de lograr el endeudar y atrasar a una de la mas prospera compañía petrolera en el mundo, como lo era PDVSA.

Para entender como estos gobernantes hayan logrado este resultado tan desastroso y en tan poco tiempo, se debiera hacer un estudio extensivo y meticuloso, porque es tan incomprensible a primeras de vista que deberíamos usar la frase de Santo Tomas: "Ver para Creer". Pero, como la intención de este escrito es otro, solo me remitiré a esbozar que la causas que llevaron a la situación actual son una Ineficacia Total, una Corrupción Descarada, establecimiento de un Sistema Anacrónico y Fracasado, un derroche de divisas para conseguir las compras de conciencias de los países vecinos y un intervencionismo exabrupto por parte de los Castro-Comunistas con la finalidad de seguir manteniendo su régimen criminal en Cuba.

Ahora un Gobierno para poder sostenerse en el poder, con todo este prontuario de ineficacia, no le queda más remedio que usar el autoritarismo como medida extrema y así convertirse en una Dictadura, que es el caso de nuestra querida Venezuela.

RR

LA MILITARIZACION DE LAS CIUDADES SE DEBE A: ¿UN GOBIERNO FRACASADO O UN GOBIERNO DESESPERADO?

En ninguna Democracia, la situación de inseguridad puede ser resuelta con la militarización de sus ciudades, al menos que se quisiera crear una guerra interna dentro de estas, o crear un control mercenario o de milicias a las libertades y a los derechos de los pueblos. Al tomar medidas como estas se está aceptando, de que los gobiernos civiles han fracasado en uno de sus deberes más sagrado, como es darle "Seguridad a sus ciudadanos". La seguridad interna de un País debe estar siempre controlada por Instituciones policiales meramente civiles, no se puede dejar nunca este deber en manos de quienes solo han sido institucionalizados para ejercer la seguridad de las fronteras y de la defensa del País…

Cualquier dirigente u organización política razonable y seria sabe cual son las grandes diferencias que pueden existir entre una policía militar y una civil. E igualmente saben cuales serian los daños que pueden acarrearles a las Democracias, cuando se usan las instituciones militares en resolver un problema de seguridad civil.. . El alcance de esta práctica tan descabelladla, sería tan desastrosa, como si mandáramos a la policía civil a resguardar nuestras fronteras.

Países democráticos como México recientemente han usado la militarización de sus ciudades, para combatir el crimen organizado y los resultados no han sido nada alentador, dado que no han resuelto el problema, mas aun lo han agravado, como lo demuestra el alto índice de muertes violentas perpetuadas tanto por las organizaciones criminales, como por el ente militar. Los otros países que usan la militarización de sus ciudades son los gobiernos Dictatoriales como el de Cuba, cual finalidad concreta es coartar las libertades y derechos para mantener su permanencia en el poder.

Ahora, hay que preguntarse: ¿Por qué el Gobierno Venezolano ha tomado esta decisión? Y si la analizamos en concreto, podríamos encontrar diferentes causas que lo conllevaron a tomar esta medida o decisión, como son:

1- Aceptación de que fracasaron como Gobierno Civil
2- El tratar de avanzar hacia un régimen más autoritario.
3- La ignorancia de los efectos y causas de esta medida.
4- La desesperación de no tener un plan efectivo para resolver la inseguridad.

Sería irresponsable de mi parte determinar con confiabilidad, cual ha sido de estas cuatros razones que los ilumino tan negativamente para tomar esta medida.

Pero si lo asociamos con sus mentores como son los Castro, habría que asegurar que ante el avance de una Oposición organizada y democrática, la desesperación lo lleva a tratar de acelerar la implantación de una" Democracia Autoritaria". De todos modos, cualquiera que haya sido la razón del gobierno venezolano para tomar esta errónea iniciativa, deja entredicho su conocimiento y capacidad para gobernar, aparte de su "Ilegitimidad" ya entredicha. Por lo tanto habría que concluir que su actitud es de un gobierno que se siente "Desesperado y Fracasado".

RR

12- AL DESNUDO EL PAIS QUE QUEREMOS

Lo que sí está claro entre todos nosotros los venezolanos es el país que queremos y también el que no queremos. A veces creo que ha sido necesario estar pasando por esta situación, para poder entender que se iba conduciendo al país en forma errónea y que debido a esta conducción equivocada, fue la causa en que nos llevo a sufrir este desastre, el cual ha sido peor, dicho en argot popular "Más dañina fue la medicina que la enfermedad". Con referencias a este punto a continuación les dejo una poesía de mi libro "Yo Protesto en Versos" y un escrito publicado por mí en el año dos mil trece:

SUEÑO SIN Y CON

Sueño,
Con despertarme envuelto en las maravillas de un mundo
Nuevo
sin las luchas estúpidas que consumen a los pueblos
y sin la maldad de los líderes pendejos.
Sin los dogmatismo enfermizos que atacan y desgastan
y sin las ideologías pragmáticas que destrozan y
maltratan
sin las políticas manipuladoras que exprimen a los pobres
y sin los niños huérfanos de las guerras llenas de
horrores
sin la inaceptable existencia del hambre mundial
y sin la avaricia del comerciante que actúa como animal
sin la desigualdad de los seres vivientes
y sin la discriminación de las razas por diferentes
sin la calamidad de la violencia que nos azota
y sin la intransigencia del poder que solo nos agota.
sin el dictatorial bozal a la prensa
y sin el abuso del reporte que no piensa
sin el traqueteo de la acostumbrada corrupción
y sin la fatídica aberrante extorsión.
sin las muertes absurdas del fanatismo
y sin los desastres sin indolencia del terrorismo.

Sueño,
Con una vida llena de justicia
y con un futuro esperanzador que nos acaricia
con una sociedad que con aliento a su destino feliz caminaría
y con unos niños que disfrutan su inocencia con alegría
con el magnánimo de respirar seguridad plena
y con la grandeza de disfrutar la vida sin cadena
con la libertad suprema de los hombres y de las mujeres
y con equilibrio de todos los poderes
con la salud total de la gente
y con la alimentación resuelta finalmente
con la igualdad de todos nuestros hermanos
y con la felicidad de tomarnos todos de las manos
con la diversidad de criterio congruente
y con una opinión sana e inteligente
con la conciencia del habitante más responsable
y un Planeta tierra más limpio y agradable
con la belleza del sonreír sin temor
y con una calidad de vida llena de mucho amor.

RR

¿COMO YO QUIERO QUE SEA MI PAIS?

Yo quiero un País para todos; donde ni la raza, ni las ideologías, ni las religiones y ni los colores partidistas nos separen; donde haya seguridad de transitar por el territorio venezolano sin sentir ningún temor; donde la "Libertad" sea un derecho adquirido y real en todos sus aspectos; donde el respeto mutuo no sea privilegio de unos pocos, sino una constante generalizada del pueblo venezolano; donde el amor reine en todas las clases sociales con autenticidad y el odio sea desterrado por completos de todos los corazones; donde la "Economía" florezca en beneficio de todos, para que podamos poseer empleos dignos, estables y bien remunerados, trayendo esto como consecuencia, el tener un "Poder Adquisitivo" cada día mayor ; donde la producción nacional se convierta en estandarte de progreso en los insumos que necesitamos para vivir bien, sin que tengamos que recurrir a las importaciones; donde la pobreza crítica sea desterrada por completo; donde las clases menos poseídas no sean convertidas en dependientes de un Estado manipulador; donde se pueda exigirle a los gobernantes con el derecho que otorga el de ser venezolano, que le den al pueblo Educación, Asistencia Social, Asistencia a la Salud y Servicios de Calidad, sin tener que postrarse a los caprichos de los gobernantes para que los den a su antojo y como migajas; donde la oportunidad de desarrollarse y progresar sea para todos sin excepción; donde la "Corrupción" no sea el común denominador; donde la ética y la moral sea una característica imprescindible en las mujeres y en los hombres que lideran y que son liderados; donde las "Ideologías" se reencuentren para que busquen de cada una lo mejor que pueda beneficiar a todos por igual; donde mis hijos, los tuyos y los de todos los venezolanos se puedan ver la cara sin desprecios, ni resentimientos y puedan convertirse en mujeres y hombres de bien; donde nadie tenga que abandonar a esta tierra que nos vio nacer y a la que queremos tanto; donde tengamos dirigentes honestos, no deshonestos; que hablen con la verdad, no con la mentira; que no manipulen sino que ayuden con vocación de servicio para que todos puedan progresar sin que nadie tenga que traicionar sus ideales….

¡Así es como yo quiero que sea mi País! Y tu… ¿Cómo lo quieres? … Si lo quieres igual al mío, entonces unámonos y dejemos el pasado, el odio y el rencor hacia un lado que tanto daño nos ha hecho y nos está haciendo…

RR

Me gustaría dejar una síntesis de mi libro "Es Obligatorio Reinventarnos"

ES OBLIGADO, REINVENTARNOS

Ante el fracaso abierto y estruendosos de las Comunidades o Sociedades, tanto en lo social; en lo civil; en lo económico y en lo político, no nos queda más remedio, que pensar con seriedad; con honestidad; con claridad y con analices profundos, al mismo tiempo deslastrándonos de todas las visiones existentes, para poder encontrar el camino acertado que nos permita revertir tan elocuente realidad. Tendremos que buscar un sistema ideal, donde podamos construir verdaderas Comunidades o Sociedades que no nos lleve al mismo desastre que estamos vislumbrando actualmente, es por eso que estoy altamente convencido de que lo más razonable y cierto es que tenemos que REINVENTARNOS. Y cuando digo REINVENTARNOS, lo digo en todas sus formas. Desde reinventarnos como hombre, como sociedad y hasta como ente pensante. Debemos cambiar nuestra conducta, nuestra naturaleza como ser ideológico, como ser religioso y como ser filosófico; debemos de buscar una nueva forma de análisis que sea más precisa, real y más humana. Y es que hasta debemos revisar y parece irónico, las más elementales y simples ejecuciones de matemática, porque pareciera que cuando sumamos el resultado siempre es negativo e igualmente cuando por ejemplo a 100 le restamos 50 nos sobra 30 y no 50 como nos los enseñaron (Por desvió o comisión a terceros del 20%).

Debemos estar conscientes que hay Reinventar primordialmente:

- **La Política**, la cual dejo de ser un instrumento necesario para las comunidades, para convertirse en un ente secuestrador de la inteligencia, de la racionalidad, de la honradez, de la vergüenza y de las cualidades de servicios.

- Hay que reinventar **la Economía** como ciencia basada en la realidad y no en sistemas y cuadros que no benefician al crecimiento de las comunidades.

- A **los Estados** hay que reinventarlos también tanto en las formas de gobierno, como en su división política y geográfica.

- Hay que reinventar nuestras **Sociedades civiles**, para que vean más allá de las fronteras de sus países y que entiendan que el desarrollo, el bienestar, el amor mutuo y la vida del ser humano nos conciernen a todos y no solo a un Estado limitado por un nacionalismo desmesurado.

- Pero para que pueda ocurrir lo anterior, debemos en principio reinventarnos como **ser ideológico, religioso, filosófico y ciudadano**

-

13- EL OPTIMISMO AL DESNUDO

Algo que debemos dar gracias a Dios es que no ha dejado desaparecer el optimismo y la esperanza en el pueblo venezolano, a pesar de las innumerables vicisitudes. Por eso en honor a eso les dejo estas reflexiones:

OPTIMISMO

No hay fuerzas en el mundo que puedan vencer la conducta positiva del ser. El acumulamiento de elementos positivos en la mente humana es lo que da la

81

pauta para vencer todos los obstáculos que se puedan presentar en el caminar de la vida. El Alma que se llena de Fe y confianza produce pasos positivos que avanzan con certeza al alcance del triunfo. No hay barreras invencibles, sino hombres y mujeres carentes de mentes positivas. El Ser positivo no implica decir siempre "SI", sino ser inteligente al usar el "SI" cuando es requerido y el "NO" cuando lo amerite la ocasión. Mi objetivo siempre será presentar lo más positivo del Ser como ser y como humano, dejando al olvido las cosas contrarias y devastadoras; es construir un pensar distinto, diferente y digno de cada persona que nos rodea. Quiero sepultar las maldades, las envidias, el egoísmo, el engaño, la crítica dañina, los insultos y todos los comentarios insanos. Soy partidarios de la emergencia por agrupar todas las ideas para crear en base de ella un mundo que pueda regirse por la verdad, la tolerancia, el perdón, la igualdad, el respeto, la aceptación, la hermandad, la seguridad, la tranquilidad y por sobre todo, la acción siempre positiva de un pensamiento sano, claro y lleno de fe.

RR

EN LA BUSQUEDA DE NUESTROS SUEÑOS

Todo ser humano sin excepción anda tras el logro de una meta, un destino o mejor dicho en un sueño que en el interior de todos lo hemos fabricado como tal. Son esos mismos sueños los que nos motivan a luchar y vencer escollos en esa búsqueda incansable que hemos emprendido desde que comenzamos a tener uso de la razón. No hay variación en los deseos de lógralos, solo lo que hay muchas veces son desviaciones del objetivo o cansancio por derrotas y obstáculos continuos que nos detienen y nos ciegan el camino que con anterioridad nos hemos trazado. Es aquí donde muchos nos hemos estancado y equivocadamente nos declaramos como seres desafortunados o como seres que nos hemos establecidos unos sueños incansables., trayendo esto como consecuencia tomar caminos diferentes a los que en verdad nos motivo el vivir; desterrando los mas adversos sentimientos que nos opacan y nos convierten en unos seres grises al caminar sin alegría y sin aliento para alcanzar la felicidad que es la finalidad esencial de nuestro ser tanto, como humano, como espiritual. Y nos enmarañamos en una red de razonamientos impropios que nos hacen tomar el camino más fácil y menos escabroso, dejando nuestros sueños escondido en el subconscientes esperando que un momento de suerte nos los permita realizar. Pero esta continuidad de obstáculos que se nos atraviesa con saña y con toda la determinación de hacernos desistir del camino que nos puede llevar al objetivo que hemos elaborado dentro de nosotros, no son más que escollos necesarios que nos maduran y nos llevan a un crecimiento inmenso, donde sentimos la felicidad regocijarse con nuestro ser. Depositar en el subconsciente nuestros objetivos esperando que de la noche a la mañana se nos resuelva en forma mágica y negarnos a cruzar estos senderos llenos de las mas variables, inhumanas y aterradoras trancas que nos impone la vida cuando vamos en búsqueda de los sueños, es perdernos del palpar; del ver y del sentir de cómo se van moldeando la realización de nuestro objetivos perseguidos y que nos permitirá llenarnos de ese gozo del vivir una vida con intensidad. No es logro de los sueños que nos hacen lograr la felicidad; ni el crecimiento como ser humano y ni la sapiencia de la esencia de la vida, sino el de ir enfrentando y venciendo las calamidades y los obstáculos que hallaremos en el camino hacia la búsqueda de estos.

"Cuando siento que puedo ser tocado con las heridas de la vida y que con el amor que hay en mi puedo sanarlas, me siento que vivo"

RR

"Lo que nos hace sentir lleno de existencia, no es la belleza de la vida ni tampoco lo extraordinaria que es, sino que es por ser tan impredecible, lo cual nos conduce a surgir y resurgir ante tantos retos" "Entre mas retos tengamos que enfrentar mas inmensa será la felicidad al final de los momentos miserables"

RR

"Ojala todos podamos abrazar con fuerza a toda la humanidad sin distinción de clases, ni de religión y ni de pensamientos y que todo esa Humanidad pueda comprender el significado de esos abrazos, que son dados con "Amor" y respecto a todos, pero para que todas respeten también lo más sagrado del ser humano, como es su "Libertad".... Libertad de vivir, del disentir y de elegir nuestro propio destino, sin que nadie nos lo secuestre, por tan solo pensar diferente…"

RR

14- AL DESNUDO, LO QUE NO HAY QUE OLVIDAR

Otra cosa que nos está dejando al desnudo esta desastrosa experiencia es lo que nunca debemos olvidar cuando salgamos de ella, como son los padecimientos que enfrentamos los venezolanos causados por este nefasto régimen, además los errores cometidos que debemos tener en cuenta para reconstruir un país que sea herméticamente fortalecido para que no se vuelva a repetirse esta horrenda pesadilla. Por eso no hay que olvidar lo siguiente:

Los Padecimientos:
- Destrucción del aparato productor
- Destrucción de la mediana empresa
- Destrozos de la economía en todos sus parámetros
- Corrupción galopante y descontrolada
- Instituciones manipuladas
- Pobreza crítica
- Sociedades divididas con odio infundado.
- Escases de bienes y alimentos básicos.
- Deformación de la Historia real.

- Educación desmoralizada y subyugada a los intereses del gobierno.
- Libertad inexistente.
- Imposición de bozal a los Medios de Comunicación.
- Enriquecimiento desproporcionado de los líderes del Sistema.
- Represión.
- Desmembramiento de las sociedades.
- Destrozos de la infraestructura
- Presos políticos.
- Abuso de poder.
- Justicia condicionada a la ley de los líderes.
- No parámetros establecidos de lo que es legal.
- Menosprecio por los Derechos humano.
- Desaparición del Derecho Privado.
- Impunidad.
- Etc. Etc...

Los Errores
- Olvidarse de las clases desposeídas.
- Fanatismo desmesurado.
- Dejar que otros decidan por ti.
- Indiferencia.
- Partidos políticos sin ideologías.
- Politiquería.
- No validar sus derechos.
- Impunidad.

- Pensamiento individualista frente a situaciones de grupo o comunas.
- No apoyo a los medianos comerciantes y a los industriales nacionales
- Malversación y mal uso de los bienes públicos.
- Inconsciencia ciudadana.
- Inconsciencia del servidor público.
- Corrupción.
- Carencia de una política social eficaz.
- Menosprecio del prójimo.
- Desunión.

REFLEXION:

"Lo más triste y lamentable de esta vida es que todo el desastre; los sufrimientos; las calamidades; las incomprensiones; la pobreza extrema; el hambre; la supresión de las libertades y las guerras, son productos de nuestra estupidez"

RR

EN LA OSCURIDAD

Pero, a pesar de estar desnuda la Dictadura de Maduro y su comitiva, Venezuela al mismo tiempo se encuentra en la mayor oscuridad que haya padecido en toda su historia. Y no solo en la oscuridad por la ineficiencia de un país de generar electricidad para el país, sino también en reglones importantes como son:

LIBERTAD DE INFORMAR. Una oscuridad producto de la negación de un gobierno dictatorial, a que los medios de comunicación informen verazmente la realidad de un país que está ardiendo por dentro. Una Dictadura que tiene a los medios de comunicación secuestrados, amenazados, comprados y con bozales para callar la verdad y coartarle su libertad de informar.

UNA DICTADURA DESCARADA Y NO PENALIZADA MUNDIALMENTE. Venezuela como nación, también se encuentra en la oscuridad al no contar con declaraciones contundentes de los países democráticos del mundo, ya que ese mundo entero, y las organizaciones como la OEA, MERCOSUR, ONU, etc.etc... quienes saben de todas las atrocidades que han sido cometidas y se cometen en nuestro país, callan o se hacen los que no ven y no quieran opinar por los intereses propios que los mueven.

CARTA ABIERTA A LA PRESIDENTE DE CHILE MICHELLE BACHELET

Señora Michelle Bachelet, Presidenta de Chile,

Al igual que usted, yo y los que hoy protestan por sus derechos legítimos, creemos en la Democracia, en la no violencia y nunca hemos apoyado ningún intento de derrocar gobiernos legítimos. En eso, estamos todos de acuerdo con su posición. Pero, cuando un gobierno es ilegitimo desde su origen; que desconoce lo que es la esencia de la Democracia; que sus acciones lo convierte en un vulgar tirano; que no les importa un bledo los "Derechos Humanos"; que coarta la libertad de un pueblo; que silencia los medios de comunicación, dejando a todos sus ciudadanos huérfanos de información verídica; que controla a sus anchas todas las Instituciones para beneficio de su nefasta política; que es corrupto descarado; que ha permitido que la inseguridad y la escases de productos básicos llegue hasta el más alto nivel; que permite que fuerzas extranjeras vengan a reprimir a un pueblo que ha demostrado su apego a una conducta altamente democrática; que arma a grupos paramilitares y los usa para arremeter a un pueblo indefenso, el cual solo protesta por querer que se le devuelva su seguridad, tranquilidad, su bienestar, su unidad y su paz, la cual le ha sido injustamente robada en estos últimos 15 años, por lideres sin escrúpulos y de una conducta antidemocrática; que pregonan el amor y la paz, pero actúan con sañas y violencias criminal al justiciar a un pueblo el cual solo clama ser oído con franqueza para que sus problemas sean resueltos sin mentiras y que además, es el incitador principal de la violencia. Eso y muchas cosas más, podría describirle que le demostraría a usted o a cualquier humano que lo que existe en mi País (Venezuela), no es una Democracia…. Entonces, ante esta realidad, solo ha conducido al pueblo, a plegarse al artículo 350 de la constitución venezolana, tomando la protesta pacífica, para abogar por el derecho que tiene todo pueblo a exigir libertad, seguridad y democracia. Y con la firme convicción de no acatar ningún gobernante que su actuación sea por lo más demostrada antidemocrática. Y antes esta protesta mas que genuina, solo ese pueblo indefenso solo ha recibido la más cruel represión.

Usted no me conoce, ni como tampoco debió de conocer a los miles y miles de nuestro ciudadanos que han muerto en estos últimos años, algunos productos de la inseguridad, otros por accidentes catastrófico debido a la desidia del gobierno, otros por el abandono de una asistencia de salud de calidad y otros cuanto más, por la represión de un Gobierno que se escuda en la careta de una Democracia la cual ha sido y es avalada por líderes de otras naciones que han sido comprado con dadivas del petróleo. Ni menos usted, debe conocer a los familiares de todos esos ciudadanos; y tampoco debe de conocer a toda esa juventud venezolana que protesta con causa y derecho… Pero, si usted me preguntara o les preguntara a cualquiera de ellos; ¿Qué porque se protesta? Todos les diríamos:

- Porque nos cansamos;

- Porque nuestro pueblo sino se muere de hambre, se muere porque los matan los malandros (Criminales)

- Porque la justicia se acomoda a lo que dice el Gobierno

- Porque no somos libres de disentir, de opinar, de protestar y ni siquiera de vivir

- Porque nos han robado nuestra identidad

- Porque no queremos que se nos sigan dividiendo en chavista y opositores

- Porque todos somos venezolanos

Y Porque este régimen es contrario a los valores, principios y garantías democráticas. Y menoscaba todos los derechos humanos de nosotros los venezolanos.

Como usted verá **Sra. Bachelet**, existen muchas razones, por la cual nuestro pueblo protesta y tiene todo el derecho de pedir un real dialogo de paz, que se base en los puntos neurálgicos que han venido exigiendo nuestros estudiantes....

Por la Paz de Venezuela

Ronald Rodríguez

¿HASTA CUANDO?

¿Hasta cuándo?
El siniestro despiadado recorrerá el espacio del
derecho
con las armas descaradas de un gobierno criminal
que subyuga con violencia a un pueblo insatisfecho
el cual, padeciendo el aullido de la muerte nacional
no le queda más remedio que volcarse con gallardía
a la calle por sentirse pisoteado por la sucia cobardía
Hasta cuando,
las mentiras solapadas en la desfachatez de los tiranos
que disfrazando a la dictadura en democracia
siguen en el camino saturándolo de homicidios de
hermanos
Hasta cuando,
Las inconsciencias de un régimen psicópata
tiñera el aire de la sangre del venezolano
y bofeteara el grito de libertad del ser humano.
Hasta cuando,
Los líderes de los países demostraran su
complacencia
Silenciando sus voces y desviando sus ojos
por haberles sido comprado su conciencia
HASTA CUANDO….
RR

DESABASTECIMIENTOS. La oscuridad de nuestro
pueblo en los renglones alimenticios y bienes básicos es
total, debido a la destrucción de la producción nacional y

a los despilfarros inconscientes de la reserva del país, por parte de un régimen incapaz e indolente. Aparte de haber destruido en forma sistemática las fuentes de adquisición de alimentos y de bienes locales, también han originado el paro total del abastecimiento por importaciones, debido a la falta de divisa. Este régimen han usado mayormente el producto de la renta petrolera en la imposición de su farsa revolución, comprando conciencias nacionales y de las conciencias de los países extranjeros, así como burlándose del pueblo venezolano dejándolo en la oscuridad total, al distribuir la riqueza de la patria en los Castros Comunistas.

REFLEXIONES

LA MADRE EN LA OSCURIDAD

Hoy voy hablar de una madre en la oscuridad, una madre que ha sido pisoteada, golpeada, ultrajada, saqueada, desmoralizada y violada en sus más sagrados derechos, por una parte de sus hijos que equivocadamente tomaron el camino erróneo, además de dejar que un hijo adoptivo usurpara el derecho de jefe de familia, y para que ese mismo hijo no nacido de sus entrañas, permitiera y siga permitiendo que asesinos extranjeros sean quienes más hayan ofendido a esa madre, aparte de que indiscriminadamente, tomando ventaja de esa situación, la saquean impunemente. Una madre que ha dado su vida por la felicidad de sus hijos en general , que ha sido generosa al crear todas los privilegios y riquezas para lograr el desarrollo armónico de su familia, una madre que lamentablemente ha contado a través de su historias con pocos hijos que agradezcan todo ese amor y sacrificios que ella les ha heredado en vida, sino al contrario a muchos de ellos, el poder los enfermo de tal manera que se olvidaron de todos sus hermanos, causando que renaciera del inconformismo, una estirpe manipuladora de los sufrimientos y pobrezas de todos que despiadadamente en los últimos quince años se han dado la tarea de hacer sufrir a esa madre tan generosa que siempre ha recibido con cariño y simpatía aquellos que habían venido a través del tiempo a vivir y luchar con ella. Una madre que llora por sus hijos a cuales asesinan por miles anualmente, que sufre por la situación crítica en que están viviendo. Una madre que solo pide que se defienda lo que es de todo, que se pueda vivir en paz, en libertad, en armonía y que vuelva haber una familia unida. Una madre que solo es defendida por la gallardía, la disposición, el coraje y la valentía de la juventud de sus hijos. Una madre que a la que muchos de nosotros la hemos abandonado a su suerte y a la hegemonía perversa y asesina de un grupito miserables. Si esa madre que hoy reclama que velemos por su vida y la del futuro de sus hijos es nuestra VENEZUELA. En estos días cercanos al día de la madre también acordémonos de que ella nos necesita, no evadamos la responsabilidad y el compromiso inevitable que tenemos de luchar para que vuelva hacer la linda "Nuestra Madre Venezuela".

RR

REFLEXIÓN

Los estragos de la indolencia mal parida
sepultan con jocosidad retorica
a los sueños de la vida
no quedando en el silbido del viento
ni la aclaratoria de tan fatal destino
ni menos el consuelo al lamento.
No hay conducta posible profesa
entre la maraña de esta tierra autoritaria
que consiga escapar ilesa
de esta alimentada crueldad mercenaria
ni tampoco ninguna defensa
que nos salve de la maldad revolucionaria.

Somos testigos mudos de las atrocidades
como también blancos indefensos
cargados inmensamente de calamidades
que nos destrozan como viles pendejos.
y pareciera que no debiéramos protestar como
quisiéramos
por el miedo de ser catalogado como vulgar pandilleros
o quizás por el culillo que nos maten como conejos.
Pero, qué más da si ya estamos lapidados
en una Patria en la que se perdió la razón
donde el estiércol abunda por todos lados
y donde el Diablo se viste de corazón.

RR

CONTAMINACION INFORMATICA

Hoy siento como necesidad imperiosa, esperar que todos los medios de información se lastren de lo que yo catalogo de la "**Contaminación Informática**", que no es más que "**Toda aquella información que usando la mal practica de elaborar contenidos nada objetivos; títulos alarmantes u obviando informaciones valederas, descuartizan a terceros o invalidan la autenticidad de las ideas, al desvirtuar la realidad con manipulación de esta y los malintencionados comentarios ya sea por intereses individuales, por convenios específicos, por ignorancia de lo informado, por deterioro de la ética, por discriminaciones voluntarias o involuntarias, por la crueldades de los sistemas autoritarios o por la falta de las libertades de algunos medios informativos**".

Es por esta "**Contaminación Informática**" que yo invito a los medios informativos a que se unan en un sendero de esperanza, para hacer eco del sentimiento humanitario de ir en la búsqueda de cambios verdaderos que nos permita encontrarnos con la autenticidad de unas sociedades llenas de ideas y conductas positivas sin aniquilar las libertades del pensar y ni los razonamientos lógicos, aunque estos sean contrarios a las establecidas.

Yo estoy consciente que la verdad puede que no sea necesariamente la que creemos que es y por lo tanto, debemos dar aliento a todas aquellas proposiciones y planteamientos que puedan contribuir a la conformación de una vía para lograr esta. No soy valedor de la **"Verdad Autentica"** ni tampoco creo ser el portador de esta, pero si estoy convencido de que cada vez que sigamos en la búsqueda con el respeto, la consideración, la aceptación, la amplitud, sin la manipulación y sin desvirtuar la realidad existente, nos estaremos acercando a su encuentro.

RR

OSCURIDAD

La oscuridad nunca es permanente
la noche solo dura en el parpadear del sueño
el eclipse de sol es el pasajero de una intromisión
y la luna es oscurecida por la pasión efímera de una nube.

RR

Una poesía de aliento para mi pueblo valiente, de mi libro "Los Sentimientos al Desnudo"

¡NO SUCUMBIR ES LA VIDA!

Solo respirar entre penumbras
para fijar la mirada en la nada
pensar en las horas desvanecidas
que sucumben como inciertas.

Ver el reloj del tiempo
desgastarse en horas muertas
salir de entre las tinieblas
buscando respirar vida
y encontrase que el aire ahoga
como cómplice del mal momento.

Tratar de asirse a una esperanza
que se ríe sin carcajadas
que no avanza
y llora sin lágrimas brotadas.

Si mueres en el caminar
no encontraras
donde tu restos
dejarlo descansar.

Es la vida, es la existencia
es lo que hoy tenemos
y debemos vivir con ello
y luchar por no sucumbir
ante bestial atropello.

RR